闘う平和学

―平和づくりの理論と実践

加藤朗
木村朗
前田朗

もくじ

はしがき ―― 4

第一部　平和力養成講座

Ⅰ　憲法9条部隊とは何か
――現代における非戦と平和づくり ―― 10　加藤朗

Ⅱ　原爆と原発の関係性を問う
――核の軍事／平和利用を中心に ―― 46　木村朗

Ⅲ　ピース・ゾーンの思想
――「権利としての平和」を考える ―― 82　前田朗

第二部　鼎談・平和づくりの理論と実践

加藤朗・木村朗・前田朗

Ⅰ　危機の時代の日米同盟 ―― 128

Ⅱ　「新しい戦争」の時代 ―― 159

Ⅲ　9条を実践するために ―― 174

Ⅳ　いま問われていること ―― 192

あとがき

暗転する時代状況のなかで ―― 218　木村朗

いかにして「平和力」を身につけるのか ―― 220　加藤朗

3人の朗の講座を終えて ―― 222　前田朗

はしがき

平和への願いは大切です。そして、誰もが平和を願っています。安定した先進国社会でも、危機に直面している社会でも、現在進行中の紛争地でも、誰もが平和を希求しています。労働者も政治家も知識人も軍人も、それぞれの関心と方法で平和を探求しています。テロリストでさえも、その主観においては最も強く平和を切望しているかもしれません。軍需産業の社長も熱烈な平和主義者かもしれません。

しかし、平和はただ願うものではありません。祈っても、憧れても、平和を獲得できるとは限りません。

平和を願い、平和を実現するためには、平和をつくる理論と実践が必須です。

平和をつくるためには、戦争や紛争を終わらせるとともに、戦争や紛争の原因を取り除く必要があります。ノルウェーの平和学者ヨハン・ガルトゥングの「構造的暴力論」が提起したように、戦争や紛争がないだけでは、必ずしも平和とは言えません。人々が平和に生きるためには、人々の安全や暮らしを脅かす諸要因を根本から除去する必要があります。

現代世界において平和学は、そのためにさまざまな理論を構築し、実践を試みてきました。国際人道法、国際人権法、平和研究、平和構築論、「人間の安全保障」をはじめとして、多様なキーワードを駆使して平和環境・条件づくりをしてきた豊かな経験があります。

ところが、残念なことに、現代世界は平和と安全というには、あまりにも多くの困難と矛盾を抱えています。平和学がどれほど発展しても、世界のいたるところで平和破壊が現出します。平和運動がどれほど懸命に頑張っても、あたかもモグラ叩きのように、各地で思いがけない綻びが生じてしまいます。平和教育でどれほど命の大切さを説いても、人々の争いは無くなりません。

とりわけ現代世界は、近代世界からの移行期にあると考えられ、その行く末が明確にならないままに、人々はその歩みを続けなくてはなりません。平和学と平和運動・平和教育も海図なき航海を余儀なくされているのが現実です。

実際、現在私たちが平和の理論で直面している課題は、17世紀にイギリスの政治思想家トマス・ホッブズが抱いた問題と同じです。つまり「神なき地上において秩序はいかにして可能か」という問題です。ホッブズは『リバイアサン』を著し、近代主権国家を創造することで、この問題を解決しようとしました。

しかし、その国家が逆に「地上における秩序」を破壊し、これまで多くの国家間戦争や地域紛争を引き起こしてきました。平和への願いがかえって戦争を激化させる結果となったのです。

ではどうすれば、平和を構築できるのか。今、私たちはホッブズが取り組んだ問題に改めて取り組む必要があります。

それだけではありません。平和学は実践を伴って初めて平和学の意味があります。実践なき理論は、単なる自己満足に過ぎません。自己満足に陥らないために私たちがすべきことは、なぜ平和に向けて行動しなければならないのか、その根拠を自らに問うことです。平和のために行動することがなぜ正しいのか。自らの正義の所在が明らかになって初めて腹の座った平和運動ができるのではないでしょうか。実践できる範囲が自らの正義の範囲であり、その範囲がその人の平和の範囲なのです。

それだけに、私たちは、一方では足元の現実に追われながら、その都度のより良き解答を模索しながら、他方ではより大きなパースペクティヴで、来るべき将来社会像を結像させる理論的営みを続けなくてはなりません。

こうした問題意識を持って、私たちは「闘う平和学」という構想・表題を掲げました。平和をつくるための理論と実践を、よりいっそう自覚的に、よりいっそう積極的に、そして継続的に展開する平和学です。

戦争と平和、構造的暴力と紛争の現場で現実と格闘し、自分と向き合い、人々と対話し、平和づくりを協働する平和学に学び、継承しながら来たるべき将来社会像を問い続ける平和学です。

本書の内容は、次の4回の公開講座「平和力養成講座」(主催：平和力フォーラム)に基づいています。

第1回講座：加藤朗「9条部隊とは何か」(2012年4月14日)
第2回講座：木村朗「原爆と原発の関係性を問う」(2012年5月19日)
第3回講座：前田朗「ピース・ゾーンの思想」(2012年6月9日)
第4回講座：加藤朗・木村朗・前田朗「平和づくりの理論と実践」(2012年7月7日)

本書は、基本的には各講座の記録を1冊にまとめたものですが、その後の情勢の変化に応じて若干の加筆を行ないました。最終加筆は2013年12月です。

こうして出来上がった本ですから、「闘う平和学」を体系的に提示することには必ずしもなっていません。執筆者それぞれが、これまでの研究・教育の蓄積と実践経験を踏まえつつ、公開講座においてテーマを絞って話した内容がもとになっています。その時点で特に重要なテーマを選択していますので、網羅的ではありません。他にも重要なテーマがたくさんありますが、本書では「闘う平和学」という問題意識を打ち出すことに重点を置きました。

2013年12月8日
執筆者一同

第一部
平和力養成講座

アフガニスタン子ども難民

Ⅰ　憲法９条部隊とは何か
――現代における非戦と平和づくり

加藤　朗

紛争地を巡る平和学

前田朗さんは世界中の軍隊のない国を訪れていらっしゃいますが、私は逆に、２００７年から紛争地に出かけています。できる限り紛争地に近づくことを自分に課してきました。紛争のことを語る際、紛争がどのようなものか、少なくとも自分の目で、自分の体で体験しておきたいという思いがあるからです。そして、もうひとつの目的が、平和のために私に、そして憲法９条部隊として何ができるかを確かめるためです。

最初に行ったのは２００７年2月、カンボジアのプノンペンです。私は「日本地雷処理を支援する会」（ＪＭＡＳ：Japan Mine Action Service）という自衛隊ＯＢが中心になって活動している地雷処理ＮＧＯの研究員という肩書きを持っています。その研究員としてプノンペン郊外の不発弾処理の現場を見に行きました。また同年、アフガニスタンにも行き、カブール郊外で地雷処理の教育、訓練の場や、旧ソ連軍基地跡の地雷埋設現場にも行きました。

２００８年1月には、１９９４年に大虐殺が起こったアフリカのルワンダに行きました。民族紛争で数十万の人たちが犠牲になったのですが、なぜそのような虐殺が起こったのかを是非この目で確かめておきたいと思い虐殺の跡地をめぐりました。また一部地域で民族紛争が続くウガンダにケニアのナイロビから十数時間をかけてバスで行きました。その途中でたまたま部族紛争直後のケニアの村を通り過ぎ、生々しい焼き討ちの跡を目にすることができました。

２００９年の1月にはイスラエル攻撃直後のパレスチナの状況を調べるためガザに入ろうとしました。しかし、入境のための許可証を持っていなかったためにイスラエル側からもエジプト側からも入れませんでした。両国とも一般人の入境を認めませんでした。代わりに西岸地区に入り、パレスチナの

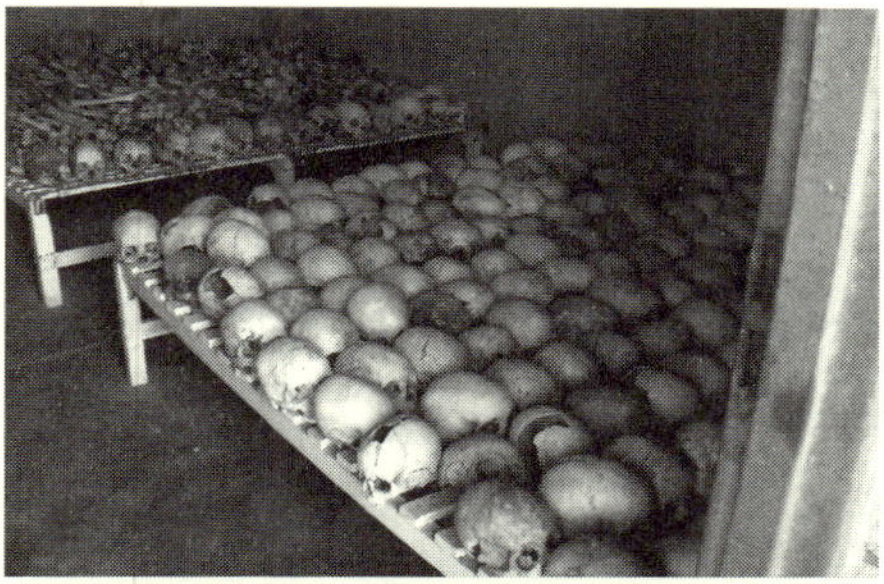

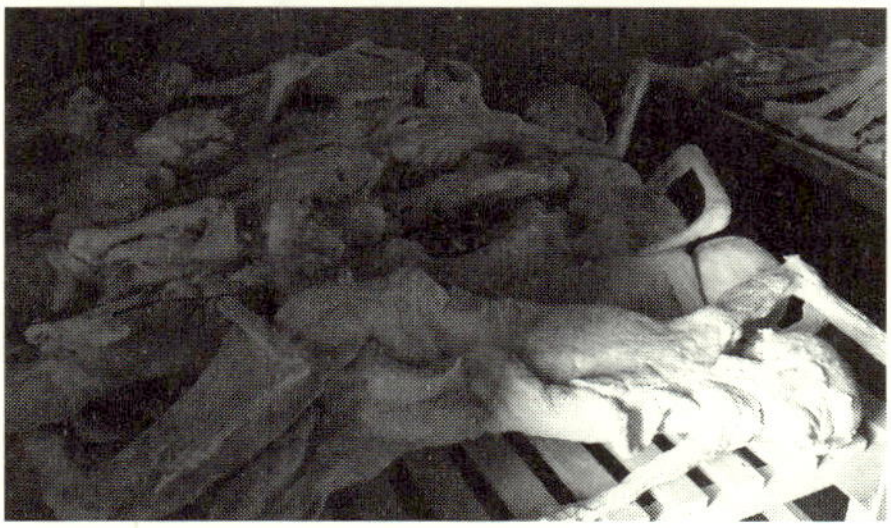

ルワンダ　虐殺被害者の遺骨

いました。

「首都」ラマラに行きました。復興支援マネーが入っているのか、新車が走り回り活況を呈して

私が紛争地に行く場合には、必ず一般の観光者として行きます。目的は何かと聞かれたら「観光」と答えるようにしています。２００９年にイラクに行こうと在京イラク大使館に観光ビザを申請したのですが、日本の外務省に通報され、外務省から渡航を自粛するよう直接私に電話があり、結局ビザは発給されませんでした。紛争地に入れるということ自体がある種の「特権」です。とりわけ、ガザに行こうとした時にはそれを強く感じました。ガザに入ることができる人たちというのは、ジャーナリストのビザを持っていたり、国連認定のＮＧＯ職員やその関係者です。特権を持って紛争地に入ること自体が問題ではないかと思います。というのも「特権」の代わりに取材や行動の自由を制限される恐れがあるからです。

２ケ月後の２００９年３月にはスリランカに行きました。「タミール・イーラム解放の虎（ＬＴＴＥ）」という反政府勢力による最後の攻勢があり、内戦の最後を見届けたいと、軍が封鎖している紛争地帯ギリギリまで行きました。そして「解放の虎」から軍が奪い返したたばかりのトリンコマリーという街に行きました。10メートルおきに銃を持った兵士が警戒に当たり、紛争地の緊張感を肌で感じることができました。

同年８月には、イスラム教徒の反乱が続くフィリピンのミンダナオ島の南端の街サンボアン

ガと、そこからフェリーで1時間ほどのところにあるバシラン島に行きました。サンボアンガにはマレーシアのボルネオ島のサンダカンという町からフェリーで丸1日かけて行きました。マレーシアとフィリピンのイスラム地域を結び、イスラム・ゲリラが利用するいわゆる「イスラム・ルート」です。サンボアンガもバシラン島もイスラム反政府勢力と政府軍との散発的な戦闘が続いており、銃を持った兵士、警官、民間の警備員がいたるところにいました。とりわけサンボアンガの緊張した雰囲気にイスラエルのエルサレムを思い出しました。

それ以上に印象的だったのは、貧困です。アフリカよりも貧しいのではないかと思いました。日本ではもう役に立たない1円、2円のお金が十分に役に立つ所でした。アフリカなら1円、2円が役に立つと思われるかもしれませんけども、虐殺のあったルワンダは現在は大変に発展していますし、ウガンダにしてもケニアにしても1円、2円というお金は殆ど役に立ちません。ところが、フィリピンのミンダナオ島ではまだ役に立つ。5円で片手一杯のピーナッツが買えます。マニラの豊かさと比較するとき、これが同じ国かと思うほど地域による貧富の格差が激しく、また同じミンダナオ島でも南部のイスラム教地区と北部のキリスト教地区には著しい発展の格差があります。

スリランカやバシラン島に行った直接の動機は、日本にも支部がある国際ＮＧＯ「非暴力平和隊」(NP : Nonviolent Peaceforce) が活動している現場を見たかったからです。非暴力で紛争に介入し、護衛的同行や紛争当事者間の間に割り込んで紛争を非暴力で沈静化する活動を目指しています。しかし、実際には、予想とは大きく異なり、スリランカでは彼らは国外に追放され、結果的にNPに協力していた人を守ることができなかったようです。またバシラン島にはふたりが派遣されていましたが、紛争地の広大さを考えると全く実際の役には立っていないと感じました。

２０１０年2月にはアフガニスタンのカブールを再訪しました。この時は宿泊しているホテルから数百メートル離れた所で、自動車に仕掛けた10kg程度の爆弾で「自爆テロ」があり、衝撃波で部屋の窓ガラスが割れるかと思うくらいに大きく揺れました。逃走した犯人3人と政府軍との間で激しい銃撃戦が1時間くらい続きました。その間、犯人のひとりが自爆ベストで自爆し、結局残りの犯人は射殺されました。

テロの第一報をパキスタンのイスラマバードにいた朝日新聞の特派員に通報したところ、その日の夕方に東京版夕刊に記事が載りました。早速外務省の知るところとなり、翌土曜日に在カブール日本大使館に呼ばれ、きつく注意を受けました。大使代理曰く、日本人がひとりでも犠牲になったら、国民世論の袋叩きにあって、日本はアフガニスタンから撤収しなければならなくなると力説していました。前年の２００８年にペシャワール会のスタッフが現地で殺害され国内で大騒動となり、代表の中村哲さんだけを残して全員が撤退したことが念頭にあったのだと思います。「日本地雷処理を支援する会」もイスラマバードに事務所を移さざるを得なくなりました。

カブールでは、大使館員やＪＩＣＡ職員は厳重に警備された居住区に住み、街に出かけるときは防弾車に乗り込んでいます。実際の仕事は、日本の民間企業とその下請けの地元企業そして地元民やパキスタン、インド等の外国人出稼ぎ労働者が担っており、日本人は特権階級のような待遇と感じました。

カダフィ政権が倒れる直前の２０１１年の８月には、カイロから長距離バスを乗り継いで18時間かけてリビアのベンガジに行きました。ベンガジは反政府勢力によって解放されたばかりで、「これが自由だ」という幟が町中に数多くあったのが印象的でした。私がリビアを後にして１週間後に最後の戦闘が首都トリポリを中心に繰り広げられ、その後まもなくカダフィが射殺されました。

２０１２年８月、内戦下の一般市民の暮らしぶりを調査しようとシリアのダマスカスに入りました。在京大使館に観光ビザを申し込んだところ、ビザをくれました。私がこれまで世界の紛争地を調査していることを調べたうえで許可してくれたようです。直接領事が私を呼び、旅の安全を祈ってくれました。しかし、２日目に不覚にも秘密警察に拘束され、秘密警察の拘禁施設に丸２日、入国管理局の収容施設に丸２日、空港の施設に１日、都合１２０時間拘束され、強制退去となりました。入管の取調室に監禁されているとき、１kmも離れていない場所で、まさに青天の霹靂のような轟音の爆弾テロが起き、続いてマレーシアやスリランカで経験したようなすさまじいスコールの雨音のような銃声が15分ほど続きました。しかしその後、街は平穏に戻り、何事もなかったかのようでした。

ソフト・パワーとしての9条

私は1981年から1996年までの15年間、防衛庁の防衛研究所で紛争研究に従事していました。当時、日本人の中で防衛庁の人間、自衛隊の人間ほど戦争から遠い所にいる人間はいませんでした。防衛研究所に勤めている時に、紛争の続くレバノンに行きたいと上司に懇願したのですが、許可はおりませんでした。万が一防衛庁の職員が紛争に巻き込まれて死亡でもすれば、現地の大使はもちろん、下手をすれば防衛庁長官の首も飛びかねない、そういう時代だったからです。

防衛研究所を離れ、様々な紛争地を巡るようになってから気がついたことがあります。何かというと、憲法9条が、思いがけない形で、私の予想以上にソフト・パワーとして日本の外交の力になっていることです。

年配の方ならサンダカンという街の名をご存知かもしれません。田中絹代主演で映画化されたこともある山崎朋子の『サンダカン八番娼館』の舞台となった街です。現在サンダカンには天草から渡ったカラユキさんを偲ばせるものは彼女たちの墓くらいしか残っていません。

そのサンダカンのはずれにある港でサンボアンガ行のフェリーを待っている時でした。両替商の50歳くらいの男性から声を掛けられました。船待ちの間、片言の英語でたわいもない話をいろいろしておりました。そのうちに問わず語りに「日本は戦争しないんだろう。良い国だ」と言ったのです。田舎の両替商が憲法9条について知っているとはとても思えません。ただ日本が戦争をしない国だという話はアジアの片田舎にも伝わっていることを知り、少し驚きました。

改憲派として

私の政治的立場は基本的には改憲派です。憲法9条については改正して、きちんと集団的自衛権を認め、その上で自衛隊を明確に軍隊と認め、シビリアン・コントロールを徹底すべきだというのが私の一貫した主張です。というのも現在の憲法9条は第二次世界大戦直後の国際情勢を反映し国家間の戦争しか想定しておらず、現在の国際テロや地域紛争など国家間戦争以外の紛争にも国連の枠内で対応できるようにすべきだと考えるからです。

ところが、憲法は事実上変えられない。いま憲法改正のための国民投票法が議論されています。

しかし、仮に議会での憲法改正の発議要件が過半数に変更されても、実際には憲法改正は非常に難しいのではないかと思います。国民投票にかければおそらく否決されると思います。というのも現行憲法で一般の人はほとんど不自由を感じていないからです。9条に至っては、9条教とでもいうべき「宗教」になっており、一般の人々の間では信仰の対象にはなっても議論の対象にさえならないし、できない。また「今さら何で変えるの」という非常に素朴な国民感情が強く、おそらく憲法改正は難しいと思います。

さらに、現在の国際情勢では、憲法改正を持ち出すのは日本外交にとって不利だということです。憲法改正を持ち出せば、中国、韓国のみならずアメリカも日本への警戒を強めるでしょう。アメリカにはキッシンジャー元国務長官や現在のケリー国務長官のように親中派が親日派よりも多いということを念頭に置いて日本は外交政策を行わなければなりません。タカ派のイメージが強い安倍政権が憲法改正を持ち出せば、米国内での親中派、親韓派による反日宣伝を勢いづかせることになります。

そこで、「ならばどうするか」、それが私の問題意識です。憲法改正が難しいなら、現在の憲法を認めた上で、ではどういうことができるのかと考えなければならない。憲法9条そのものを知っているかどうかは別にしても、どうやら日本の軍隊は外国では戦わないという印象が国際社会に定着し始めています。そこで憲法9条をソフト・パワーとしてより積極的に利用するために、憲法９条を国際社会で実践するのです。その実践のひとつとして憲法９条部隊を提案したいのです。

憲法９条は国民の憲法です。我々国民が政府に求めた約束です。政府が我々に対して求めた約束ではない。主体が国民である以上、国民が理解できる範囲が憲法の範囲でないといけない。国民が理解できる範囲とは、義務教育を終えた人が理解できる範囲が憲法の範囲だと思います。つまり素直に読めば、憲法９条は自衛隊を否定しています。その意味で私自身は自衛隊は違憲だと思っています。つまり私の基本的立場は、改憲ではあるが現実にはそれは無理だ。無理だとするなら現在ある憲法を踏まえた上で何らかの方法を取らなければいけない。その方法がソフト・パワーとしての憲法９条であり、実践としての憲法９条部隊です。

その前に非暴力主義と非戦主義についてお話をしておきます。

非暴力主義と非戦主義

憲法９条は間違いなく自衛戦争も否定する非戦を宣言しています。しかし、非戦主義だからと言って必ずしも非暴力主義とは言えない。非戦主義には、侵略されたとき国家の軍隊による公的な武力行使は認めないとしても、はたして個人や集団による私的な武力行使による抵抗は認められないのかどうかという問題があります。

そもそも非戦主義と非暴力主義はどこがどう違うのでしょうか。わかりやすいように、平和や戦争に対する態度を鳥にたとえてダチョウ派、ハト派、フクロウ派、そしてタカ派の4つに整理します（拙著『入門・リアリズム平和学』勁草書房、２００８年）。

ダチョウ派というのは絶対平和主義者です。要するに非暴力主義であり、同時に非戦主義です。個人的な暴力も国家による暴力も一切の暴力を認めません。たとえばアメリカのアーミッシュと呼ばれるキリスト教徒がそうです。彼らは天国の神の王国こそ本当の国であり現世は仮の住家と考え俗世との関係を絶っているが故に、天国に行くために聖書の教えを忠実に守り絶対平和主義を貫こうとします。

ハト派というのは、現実主義的平和主義です。非暴力主義ではないが非戦主義です。つまり警察力のような法執行のための暴力は認めるが、自衛戦争を含め人道的武力介入や国連の戦争等国家や国家集団による武力行使は一切認めないという立場です。おそらくここにおられる多くの方がこのハト派だろうと思います。

フクロウ派というのは、非暴力主義でも非戦主義でもありません。必要悪としての暴力は個人にも国家にも許される。しかし、暴力の行使は極力抑制すべきであるという立場です。したがって自衛戦争や国連の戦争さらには人道的武力介入をも容認します。私の立場はこのフクロウ派です。

タカ派は絶対的現実主義です。力こそ全てだという主義です。

非暴力主義とは

暴力には私的暴力と公的暴力があります。前者はたとえば個人間の喧嘩や暴力団の争い等です。後者は警察や軍隊による暴力です。国家は公的暴力によって私的暴力を一元的、独占的に管理するための制度、組織です。ですから公的暴力をも認めない完全な非暴力主義というのは国家を否定することになります。

まずあらゆる暴力を否定するアーミッシュを例に非暴力主義についてみてみましょう。

アメリカのペンシルベニア州にアーミッシュの村があります。彼らは迫害を受けてヨーロッパ大陸に居られなくなり、新大陸に渡ってきました。アーミッシュの村を舞台にした『刑事ジョン・ブック／目撃者』（1985年、アメリカ）という映画で彼らのことが広く知られるようになりました。彼らは一切の暴力を否定します。仮に相手から暴力を受けたとしても、反撃しない。それから自分たちは闘争心を燃やさないようにと、服装は全部黒と白です。そしてボタンもわざわざ金ボタンに黒いカバーを被せて全てをモノトーンにする。赤や明るい色は人間の闘争心を沸き起こすからだめだと言います。車、電気等一切の近代文明を拒否します。彼らがなぜ非暴力主義かというと、彼らは現世を仮の世だと思っているからです。本当にみんなが解放されるのは天国、神の王国です。何があろうとも神の王国に入るために、この世で非暴力で平和な、慎ましやかな生活を過ごすことが何よりも大切だと彼らは考えます。

アーミッシュよりも寛容なメノナイト派という非暴力主義のキリスト教徒がいます。彼らは公的暴力を原則認めています。16世紀にオランダのメノ・シモンズ神父が創始したメノナイトも非暴力主義で戦闘への参加を拒否しました。その代わりに例えば戦費を献金する、あるいは消防士や看護士として後方での役割を引き受けたのです。これが現在の良心的兵役拒否の始まりです。良心的兵役拒否というのは、思想、信仰の理由から戦闘への参加を拒否する非暴力主義に基づいてはいますが、必ずしも戦争に反対する非戦主義ではありません。なぜなら良心的兵役拒否は戦争を前提にしているからです。良心的兵役拒否の伝統を受け継ぐメノナイト派は、現在「キリスト教ピースメイカー・チーム」や「メノナイト調停サービス」を作って、世界の紛争地で非暴力による紛争調停活動を実践しています。後で述べる「憲法9条部隊」はこれらの組織に似ています。

話は横道にそれますが、日本の平和運動の中核は多くがキリスト教徒によって担われてきました。日本には今も昔も人口の約2%しかキリスト教徒はいません。にもかかわらず内村鑑三から始まって新渡戸稲造、北村透谷、吉野作造、南原繁も矢内原忠雄もいずれもキリスト教徒です。

明治以降日本の平和運動を支えてきたのは主にプロテスタント系キリスト教徒です。日本の平和運動家をいろいろ調べてみて、この人もキリスト教徒だったのか、あの人もキリスト教徒だったのかとびっくりするほどその数が多いのです。憲法9条も元をたどれば非暴力主義のキリスト教の一派クエーカーの影響を受けています。

さてキリスト教以外の非暴力主義の宗教と言えば、インドのジャイナ教です。ジャイナ教では十大禁戒、五大禁戒があります。僧侶には動物はもちろん虫も殺してはいけないといった十大禁戒という厳しい戒めを求めています。草木も踏みつけてはいけない。こんなことでは絶対生きていけないだろうと思えるほどの厳しい戒律です。五大禁戒というのは、一般のジャイナ教徒が世俗で暮らせるように、もう少し禁戒を緩やかにした教えです。

ジャイナ教の非暴力主義の伝統を引き継いだのがマハトマ・ガンジーです。ガンジーは非戦主義者ではなく、イギリスの植民地支配に対する抵抗運動として非暴力を主張しました。したがって必要と思えば戦争にも賛成しました。第一次大戦では、インドの青年にイギリスとともに戦うように呼びかけています。対英協力が独立の近道と考えたからです。非暴力かつ無抵抗主義のアーミッシュとは対照的です。多くの場合非暴力主義と言えば、この非暴力抵抗主義のことを指します。非暴力抵抗主義の最大の問題は、迫害、拷問、投獄、虐殺、暗殺と危害が加えられる危険性が高いということです。ガンジーも、またガンジーに共感し人種差別撤廃の非暴力抵抗運動をアメリカで実践したマルティン・ルーサー・キングも最後は殺されました。

しかし、本当の非暴力主義は自己犠牲で終わってはいけない。自ら暴力を行使せず決して他人に危害を加えず「殺さない」ことが非暴力主義には重要です。しかし、もうひとつ重要なのは、瀬戸内寂聴さんがよく言われますが、相手にも暴力を振るわせない、「殺させない」ということです。「殺さない」、「殺させない」ということがあって初めて本当の非暴力主義が成り立つ。ガンジーの非暴力抵抗主義は、半分の非暴力主義でしかないのかもしれません。「殺さない」ことは実践できても、「殺させない」非暴力主義をどうやって実践するかが非暴力抵抗主義者にとって大きな問題です。

また非暴力主義はとかく有言であっても、実行が伴わないことが多いようです。単に非暴力を唱えるだけではなく、実践があって初めて非暴力主義は非暴力主義たりうる。「私は非暴力主義です」と言うのは誰だって言える。しかし、実践できるかが問題です。というのも、この非暴力主義の暴力とは何かが問題だからです。暴力と言えば、殴る、蹴る、武力を使う等たいていは物理的暴力だと思われています。違います。心理的暴力も立派な暴力です。個人のレベルで言えばそれこそ「いじめ」です。これはもう完全に暴力です。心理的暴力も含めて、暴力を振るったことなどないという人はいないでしょう。

とはいえ侵略者や支配者に対し、不服従という心理的暴力で対抗するのがガンジーの不服従運動です。相手の言うことを聞かない、嫌がらせをする等が非暴力抵抗運動の手段だからです。心理的暴力も暴力とみなすのであれば、ガンジーやキングは非暴力主義者とは言えない。なぜこのようなことを言うかといえば、軍事力による威嚇はまさに心理的暴力であり、実は心理的暴力は武力行使による物理的暴力と同程度に戦争の重要な要素だからです。非暴力主義といえども、実は心理的暴力という意味では暴力主義と変わらないのです。

非戦主義とは

この非暴力主義と、戦わないという非戦主義は違います。非暴力主義は基本的には個人のレベルや私的範囲での思想です。他方、非戦主義というのは、国家と国家が相互に物理的暴力を振るう戦争を否定します。非戦の理由は非暴力主義にだけあるわけではないからです。労働者階級同士は戦わないという社会主義思想あるいは戦争は利に合わないという功利主義的判断等、非戦の理由は様々です。だから、資本主義諸国との戦争は正戦として認め、また利があると思えば戦争を支持する平和主義者が出てくるのです。

非戦主義の系譜はホッブズやカントに遡ってみておく必要があります。カントは『永遠平和のために』を書いて、平和主義の第一人者のように言われます。しかし、それはカントを神格化するあまりの誤解です。カントは実はタカ派の元祖とみなされているホッブズの思想を引き継ぐフクロウ派の始祖です。ハト派でもましてやダチョウ派でもありません。

ホッブズが『リヴァイアサン』で考えたのは、神なき地上における秩序はいかにして可能かという問題です。ホッブズは神なき地上における秩序を「万人の万人に対する闘争」の自然状態と考えます。「万人の万人に対する闘争」を防ぐためにどうするか。一人ひとりが契約を結んで国家を作って、その統治の下に平和な社会を作るというのがホッブズの考え方です。

それまでの君主国家はキリスト教の神がいて、つまりキリスト教会がひとつの権威となって、地上における権力である国王が国内の秩序維持、国家運営を行っていました。いわゆる王権神授による支配です。ところが、宗教改革によって神のものは神へ、カエサルのものはカエサルへという形で、政府と教会とが分離された。よく日本で誤解がありますが政教分離というのは政治と宗教の分離ではありません。政府と教会の分離です。二重権力構造の否定です。

ホッブズは個人と個人の間の闘争を国家の創設によって解決する近代国家の理論的基礎を築きましたが、困ったことが起こりました。国家と国家の間の平和をどのように維持するか、ホッブズはこの問題には答えていません。個人と同じように国家と国家が契約を結んで世界国家を作ればよいと考える人もいます。いわゆる世界国家論者です。

カントは世界国家論には反対しています。というのも国際社会における各国の多様性が失われるからです。代わりに現在で言えば国際連合のような諸国家連合を作り、国際社会の秩序を維持しようと考えた。そこに参加するのは共和制の民主主義国家です。各国が常備軍を廃止して、諸国家連合において話し合いで問題を解決する。まさに現代の非戦主義者の主張そのものです。

しかし、万が一侵略されたらどうするか。その時は常備軍ではなく、民兵が戦うべきだというのがカントの主張です。カントは常備軍による自衛戦争は否定しましたが、民兵による武力抵抗は否定していません。この点が現代の非戦主義者と異なる点です。ルソーの翻訳で有名な中江兆民は平和主義者と言われていますが、兆民もカントと同じ考え方を持っています。常備軍は否定しますが、代わりに土著（どちゃく）兵という民兵制度を主張しました。

憲法9条の非戦主義とは

そこで憲法9条の話です。憲法9条の非戦主義は何かということですが、私が考えるに、功利主義的判断とイデオロギー的信念の混合が憲法9条の非戦主義ではないかと思います。功利主義的判断に立つ非戦主義とは、たとえば冷戦時代の非戦主義です。核戦争で全滅するよりは共産主義に支配された方がまだましだろうという功利主義的判断から戦わない方が良いという非戦主義になりました。要するに敗北主義です。また19世紀以降一貫して主張されるのが、戦争は経済的利益に反するという経済合理主義に基づく功利主義です。確かに相互依存関係の深化した現在、この功利主義的非戦主義は強固なものがあります。ただし、ナショナリズムのような感情に基づく戦争にはあまり有効ではないようです。

イデオロギー的判断に立つ非戦主義とは、労働者階級は戦わないという社会主義イデオロギーに基づく階級レベルにおける非戦主義です。だから資本主義国家との戦いは認めます。それどころか社会主義国家の核兵器は良い兵器で、資本主義国家の核兵器は悪い核兵器という、荒唐無稽珍無類な論理が平気で主張されたこともあります。そしてキリスト教や仏教等宗教的信念に基づいた個人レベルにおける非戦力主義です。現在では憲法9条そのものが新興宗教化してしまい、憲法9条そのものが非戦主義イデオロギーになっています。

前にも述べたように憲法9条は、中学3年生の義務教育を終わった人が理解できる範囲内で解釈すれば、明らかに国家の武装権を否定しています。何度読み返してみても素直に読めば軍隊を持たないと規定してあります。これは憲法学者が、いくら解釈をこねまわしても、普通の人が理解できなければ、何の意味もありません。

憲法9条を素直に読めば国家の武装権を否定していますので、私は自衛隊を違憲だと考えています。したがって自衛隊は現行憲法下では廃止すべきです。常備軍としての自衛隊を廃止する代わりに、カントや兆民の言うように、個人もしくは民兵や土著兵のような集団で自身を守る自衛権は自然権として尊重されるべきだと思います。憲法9条の意味は、自分たちのことは自分たちで護るから国家は軍隊を持つなということです。したがって、アメリカのように個人の武装権は認められるべきです。ただし、アメリカのように、個人が自衛権をどのように行使するか、つまり非暴力で抵抗するか暴力をも認め武装するかどうかは個人の判断です。憲法9条はまさにカントの『永遠平和のために』に描かれた理想を具現化するものです。

この私の理想はさておき、現在の憲法9条の実践には積極的非戦主義の欠落という問題があると思います。非戦主義をどのように実践するかということです。改憲反対とか護憲運動はどう考えても消極的な非戦運動です。考え方は重要かもしれませんが、ある種の自己満足でしかない。より積極的な非戦主義の実践がやはり必要ではないかと思います。具体的には、憲法9条の理念によって、たとえばシリアの内戦のような現実の紛争を止め、調停することが求められていると思います。冷戦時代には護憲運動や改憲反対運動というのは特定の政治勢力にとっては極めて有効な国内の政治運動でした。その意味では消極的非戦主義である護憲運動にはそれなりに意味があったと思います。しかし、冷戦が終わりイデオロギーに基づく反戦護憲運動が力を失った今日、もはや憲法9条の積極的実践とは何かをきちんと考えておかなければ、単なる護憲運動のような消極的非戦運動では、憲法9条を護ることはできません。

そこで私が提案したいのが、「憲法9条部隊」です。

憲法９条部隊の発想

憲法９条部隊のもともとの発想は「連合ＰＫＯ部隊」にあります。連合ＰＫＯ部隊の連合というのは日本労働組合総連合会の連合のことです。湾岸戦争の時、日本はブッシュ大統領（先代）から医師、看護婦の派遣、兵員、物資の輸送、資金協力等さまざまな戦争協力を要請されました。兵員、物資の輸送には連合傘下の航空会社や海運会社の組合が反対し、医師、看護師の派遣も組合が反対の声を上げたのです。人的、物的協力ができなかった日本は最終的にアメリカを中心とする多国籍軍に１３５億ドルもの資金協力をすることになったのです。

私は当時防衛庁の防衛研究所におりました。外部では何とか自衛隊を派兵できないか、議論が喧しく交わされていました。「自衛隊員を一旦辞めさせて新たに支援部隊のようなものを作って派遣すればいい」とか、「自衛隊員を休職させて、それで行かせればいいのではないか」とか、「自衛隊から例えば外務省に転籍させて、外務省職員として部隊編成したらどうだ」とかいった声が乱れ飛んでいました。政府からも民間からも、ああでもないこうでもないと、自衛隊員の人権を無視するような発言が続きました。日頃、人権、人権と騒いでいる人たちが、自衛隊員には人権がないのかというくらい、人権蹂躙の議論を平気でしていました。憤りで一杯でした。

私はその時に、そんなに言うのなら自分たちで行ったらどうだと、言いたかった。それだけ平和のことが心配であるならば、自分たちが行ったらどうか。自衛隊員なんて英語もろくに話せないくせに、何ができるのか等、さんざん自衛隊員は馬鹿にされました。それなら、連合には英語の喋れる教職員組合員がいくらでもいるんだから、彼らが行けばいいじゃないかと思うわけです。それから今でも聞こえてきますが、道路を建設しても、「自衛隊の造った道路はすぐ壊れる」と批判する。当たり前です。そんなもの簡易舗装しかしていないんですから。戦時には簡易舗装で十分で、自衛隊には本格的な道路建設の技術は必要ありません。そんなに言うなら、連合が組合員を組織して自分たちがブルドーザー持って行けばいいじゃないか――というのが連合ＰＫＯのもともとの発想だったんです。

冷静になって考えると、護憲派が提案した別組織、つまり自衛隊とは別の組織を作って平和活動に当たるという提案と同じだと気付きました。であれば連合が反対するはずがないと思い、真剣に連合ＰＫＯの創設を考えるようになったのです。

連合には当時８００万人の組合員がいました。８００万人が年間１人１万円の寄付金を出せば、８００億円の基金ができます。そして、１万人にひとりくらいは志願する勇気のある人はいるでしょうから、さまざまな職種の組合員を集めて８００人の部隊を編成すれば、間違いなく自衛隊よりは遥かに優秀な部隊ができます。こういうことを、ことあるごとに言ったり書いたり、連合事務局の人に直接伝えたりしました。20年来、この話をずっとしています。しかし、誰もともに取り上げてはくれません。

2010年に、『朝日新聞』の「人」欄に取り上げてもらった時、「連合PKO」ではいかにもあてつけがましいなと思ったので、思い切って「憲法9条部隊」ということにしたんです。個人的には、大きな反響があるだろうと期待していたのですが、全国から手紙、メールを合わせて10通ほど頂いただけでした。

その後、憲法9条を守る会の会合にも何回かお邪魔して、憲法9条部隊への参加を呼びかけました。憲法9条部隊を一緒にやりませんか、参加して頂けませんか。残念ながら、わずかにお二人しか手を挙げてくださる方はいませんでした。以上のような経過で憲法9条部隊を考えたんです。憲法9条改正ができない状況の中で、日本の平和主義を世界にアピールする方法というのは、非武装の憲法9条部隊が紛争地に行くしかないだろうと思います。

もうひとつ、最近気がついたことですが、自衛隊が脱軍事組織化しているような気がします。つまり、国際NGOのような非武装平和部隊のようになってしまって、戦闘部隊としての役割がだんだん疎かになってきているという気がします。護憲派はいっそのこと、自衛隊を災害救助部隊に転換してしまえばいいとおっしゃっていますけど、事実そうなりつつあります。組織の面でも、隊員の意識の面でもそうです。これが良いことかどうかわかりません。私としては、自衛隊は昨今の地域情勢を考えれば国内における本土防衛に徹し、国外における平和活動は憲法9条部隊が行ってはどうか、と考えます。

憲法9条部隊の理念

憲法9条部隊の理念は、憲法前文の平和主義です。

「日本国民は、恒久の平和を念願し、人間相互の関係を支配する崇高な理想を深く自覚するのであつて、平和を愛する諸国民の公正と信義に信頼して、われらの安全と生存を保持しようと決意した。われらは、平和を維持し、専制と隷従、圧迫と偏狭を地上から永遠に除去しようと努めている国際社会において、名誉ある地位を占めたいと思う。われらは、全世界の国民が、ひとしく恐怖と欠乏から免れ、平和のうちに生存する権利を有することを確認する。

われらは、いずれの国家も、自国のことのみに専念して他国を無視してはならないのであつて、政治道徳の法則は、普遍的なものであり、この法則に従うことは、自国の主権を維持し、他国と対等関係に立たうとする各国の責務であると信ずる」。

「恐怖と欠乏から免れ」という文言は国連開発機構の『人間の安全保障』報告にある「恐怖からの解放、欠乏からの解放」と同じです。つまり憲法前文は、いわば人間の安全保障を先取りしているといえます。さらに言えば、この文言はホッブズの『リヴァイアサン』にあります。ホッブズは自然状態の恐怖や欠乏から我々が逃れる方法として国家をつくることを提案しました。

人間の安全保障の概念を最初に持ち出したのはホッブズです。ホッブズはこれをパティキュラ・セキュリティと言って、ヒューマン・セキュリティとは言わなかったんですが、パティキュラと言ったのは一人ひとり、つまり個々人のという意味ですから、まさに人間の安全保障です。この個々人の安全を保障する手段として近代国家を発明したのです。ところが、今度はこの近代国家の安全を保障しなければ国民の安全を保障できないというので国家安全保障が必要になった。しかし、国家の安全を保障しようとして、かえって国民の安全が保障できなくなった。近代国家になってからの国家間戦争を見ればわかります。国民の安全を保障する国家が逆に国家の安全を保障するために国民の安全を犠牲にしてきた。この問題のひとつの解決策が日本国憲法の戦争放棄です。一方で戦争で国家が破綻し、国民の安全を保障できない状況が生まれている。一体誰が、どのようにして個人の安全を保障するのか。つまり今我々が直面しているのは、かつてホッブズが抱えた問題と同じです。

結局、この問題への回答は今のところホッブズが出した回答以外ありません。つまり国家を再建し、国家によって国民の安全を保障するのです。しかし、それには国際社会の協力が欠かせません。ここに憲法9条部隊の出番があります。

憲法9条部隊の使命

憲法9条部隊の使命は3つあります。紛争の予防（prevention）、紛争への介入（intervention）、それから平和回復（postvention / post-conflict）です。紛争の予防については、現にいろいろなNGOが当たっています。そして平和回復には今では自衛隊も出ています。でも紛争予防も平和回復も、これは軍が担う役割ではなく、一般のNGOでも十分に対応できる話です。また紛争介入は今はもっぱら軍の役割ですが、非武装で紛争に介入し、調停を行なうことも憲法9条部隊の重要な使命です。

つまり紛争解決の3段階で憲法9条部隊は対応するということです。また具体的な役割としてとりわけ重要なのは復興支援です。復興支援でカンボジア、イラク、南スーダン等に自衛隊が派遣されました。現地では道路の舗装、修理、公共施設の建設などを実施しましたが、こうした業務は専門家に任せた方が良いでしょう。道路の補修や修理ならそれこそ建設会社をリタイアした人たちが行った方がいいだろうと、私は素直にそう思います。自衛隊が行く場合、全部自前でやるものですから、実働部隊を後方で支えるためにその2〜3倍の要員を送り出すんです。食料を調達するとか、住居を造るとか、そういう後方支援のためにたくさんの人員が必要なんです。

でも、民間人が行く場合には、そういうこと関係なしに本当に一部の実動部隊だけが行って、あとは建物とか住居とか現地で借りる等して比較的上手く対応できると思います。自衛隊はそういうわけにいきません。２００人の部隊がいたとすると、1～2割くらいは実際の仕事にあたるとしても、あとは宿営地の建設、維持、管理、あるいは給与の計算とか、食料の調達等に多くの人員が取られます。だからＮＧＯが行くのが一番いいのですが、治安を懸念して、とくに日本のＮＧＯの場合、紛争地に行くことはまずありません。

日本のＮＧＯは治安が良いから行く、悪いから行かないという治安の良い悪いを活動基準にする場合が多いのですが、憲法9条部隊ではそれを活動基準にすべきではないと思います。困った人、助けがいる人がいるときにはそこに行くのが当たり前だからです。もちろんそれはあくまでも原則です。実際にはいろいろ考慮しなければならない問題が数多くあります。

世界のＮＧＯの中には実際に紛争に介入して、紛争を治める活動をしているＮＧＯもあります。具体的には「人間の盾」になったり、調停活動をしています。人間の盾というのは紛争当事者から危害を受ける恐れのある人を非暴力で護衛する活動です。実際にそういう活動をしているところがあります。キリスト教平和隊、メノナイト調停サービスなどは世界各地の紛争に介入して調停活動にあたっています。これ以外に多くのＮＧＯが危険を顧みず、紛争地に入って、平和活動に従事しています。アフガニスタンにも現在も多くのＮＧＯが入り活動しています。

日本のNGOで現在アフガニスタンに常駐しているのは、私の知る限り中村哲先生の「ペシャワール会」だけです。しかし、今は日本人はたぶん中村先生だけだと思います。ペシャワール会は日本の外務省の援助を受けず全て自前で中村先生の活動を支援しています。資金援助を受けていないので外務省の言うことを聞かなくてもいいのですが、２００８年にスタッフが殺される事件があって以降、ペシャワール会もやはり日本人スタッフを全部パキスタンの方に引き上げて、中村先生だけが残っていらっしゃるようです。

私も所属している日本地雷処理を支援する会は、現在現地スタッフだけをカブールに常駐させ、日本人スタッフはパキスタンのイスラマバードに常駐しています。1月に1度イスラマバードからカブールに行って、いろんな仕事をしています。治安の問題があってなかなかカブールに常駐するわけにはいきません。外務省からお金をもらっているだけに、人的被害が出るのを恐れる外務省の言うことを聞かざるを得ず、常駐できないのです。

しかし、紛争地だからと言って、いつも銃弾が飛び交っているわけではありません。限られた地域で、時折銃弾が飛び交う程度です。紛争地と言っても、ある意味、平穏なところが大半です。２０１０年の夏にスーダン南部のニアラというところに行ったんですが、国連の世界食糧計画（ＷＦＰ）の事務所や職員宿舎を訪問しました。街はいたって平穏でした。しかし、私が帰って1ヶ月後に、ウクライナ出身の職員４人が事務所から帰宅途中でゲリラに拉致されるという事件が起こりました。確かに、日本では起こらない事件で危険と言えば危険です。とはいえ日本だって危ないと言えば危ない。２００８年に起きた秋葉原無差別殺傷事件を見て、東京はずいぶん危険な街だという印象を持った外国人は多いでしょう。ちなみにニアラで拉致された4人は1ヶ月くらい経ってから、自力で戻ってきました。後には数人の地元民の死体が転がっていたという話です。いずれにせよ、危険はどこにでもあるわけで、危険だからこそ、困っている人が多くいるわけで、危険だから行かないというのは、紛争地に行かない理由にならないと思います。

憲法9条部隊員の自己犠牲の精神

しかし、それでも犠牲は覚悟しなければなりません。そこで憲法9条部隊員は、ＰＫＯ活動を行なっている自衛隊員と同じ決意を持つために、入隊時には次のような宣誓をしてもらうことを考えています。

「私は、人々の平和と安全を守る憲法9条部隊の使命を自覚し、日本国憲法を遵守し、一致団結、厳正な規律を保持し、常に徳操を養い、人格を尊重し、心身を鍛え、技能を磨き、強い責任感をもつて専心任務の遂行に当たり、事に臨んでは危険を顧みず、身をもつて責務の完遂に務め、もつて人々の負託にこたえることを誓います」。

これは何を下敷きにしているかというと、自衛隊の宣誓書です。私も宣誓・署名しました。防衛庁の人間は自衛官も含めて、全てが自衛隊員です。私は教官研究職という官名、職名を持っていましたけれど、自衛官、事務官、技官、教官、医官といった、いくつかの官名を持った人たち全員が自衛隊法に拘束される特別国家公務員の自衛隊員です。全員が宣誓書に宣誓します。同様に憲法9条部隊員も入隊時に宣誓、署名し、「事に臨んでは危険を顧みず、身をもつて責務の完遂に務め」を誓います。

自衛隊員は身命を賭して国防にあたることを求められます。同様に自衛隊の海外派遣に反対する人たちは、反対する以上、自衛隊員同様に身命を賭す覚悟で海外での支援活動にあたるべきだと考えています。

かつて内村鑑三は非戦の立場から日露戦争に反対しました。その一方で、彼はこうも主張して出征する兵士に従容として死地に赴くように諭したのです。「戦争も、多くの非戦主義者の無残なる戦死をもってのみ、ついに廃止することのできるものである。可戦論者の戦死は、戦争廃止のためには何の役にもたたない」(「非戦主義者の戦死」『内村鑑三信仰著作全集21』教文館)。

憲法9条部隊の隊員の犠牲者の数が多ければ多いほど、世界に憲法9条を護る日本人の決意が伝わるでしょう。単に口先だけではなく身命を賭して護憲を実践してこそ真の護憲ではないでしょうか。護憲派の中には自衛隊の代わりに非武装の市民防衛隊を主張する人が少なくありません。非暴力抵抗主義による防衛はひとえに市民の自己犠牲の決意があってこそ成立します。覚悟のほどを憲法9条部隊の自己犠牲によって示すことで、日本国民の非暴力の決意ひいては市民防衛隊の決意を示すことができると思います。市民の自己犠牲の覚悟が強いとわかれば、他国が日本を侵略しようという決意も鈍るでしょう。そうした自己犠牲の決意があってはじめて市民防衛隊が自衛隊にとって代わることができるでしょう。そのためにも憲法9条部隊の自己犠牲の精神は極めて重要だと思います。仮に、「殺させない」という完全な非暴力主義を貫くことができなくても、「殺さない」という非暴力主義は貫くべきでしょう。

憲法9条部隊の活動計画

当面の活動の場としては、まずはアフガニスタンを考えています。アフガニスタンに対して、日本政府は、2011年から、5年に渡っておよそ5千億円の復興資金を投入することになっています。ところが、アフガンの治安が安定していないので、具体的な活動がなかなかできません。

たとえばJICAによる支援も現実には資金協力が主で、日本人が実際に現場に行って建設や道路工事等を行なうことはほとんどありません。JICAが行なっている活動というのは、基本的には現地政府や企業との調整業務が主で、現場に行くことはほとんどありません。ＪＩＣＡや大使館員の宿舎は各国大使館が密集し、周囲を刑務所のように厳重に警備されている一種のゲイテッド・シティの中にあります。ＪＩＣＡの職員は厳重に警備された地域に居住しながら、防弾車両で安全を確保しカブール市内に行って、アフガニスタン政府との調整等の仕事に従事しています。３年前にカブールを訪問した際には、日本企業が1社残っていて、駐在員が単身赴任していました。ＪＩＣＡが発注した仕事を、その日本の企業が元請けとなって、さらに地元の下請け会社に仕事を分配して行くわけです。実際に道路建設にあたる人たちは、おおむねバングラデシュ、パキスタン、インドからくる労働者です。そういう人たちをかき集めて、周りを武装したガードマンに取り囲まれながら、道路の補修などをやるんです。だから、日本人は現場には出て行きません。

危険なことはすべて他人任せの支援というのは、本当の意味で支援になるのだろうか。結局日本は金だけ出して血も汗も流さないという体質は、湾岸戦争以来、何も変わってはいないのではないか。アメリカをはじめ外国のＮＧＯは市内に暮らしながら、リスクを覚悟で、活動しています。なぜ日本のＮＧＯにそれができないのか。

次に計画しているのはスーダンとソマリアです。自衛隊を派遣する代わりに憲法9条部隊を派遣して、紛争解決、平和の復興にあたる。日本は今南スーダンに自衛隊を派遣しています。道路建設が主たる任務ですから、これこそ道路建設の専門家が行ったほうが良いでしょう。スーダンよりもむしろ行くべきはソマリアです。ソマリアには海上自衛隊の艦艇が海賊退治に派遣されていますし、空から船を監視するということでジブチに戦後初めて恒久的海外基地をつくりました。

海上自衛隊が派遣されているのは、明らかに憲法違反だと思います。だから自衛隊を撤収させるためにどうすべきかを考えなければいけない。実は海賊は沿岸の漁民たちです。なぜ海賊になったかと言えば、政府が崩壊し沿岸の漁業監視ができないために外国の密漁船が我が物顔で魚を取ったために、もう漁業では食べて行けなくなったのです。そこで一攫千金を夢見て外国船を襲うということを始めたら、これが思いのほか上手く行って、海賊御殿が次から次に建ち始めた。そこで我も我もと海賊になったのが海賊の始まりです。

ある平和研究者が自衛隊派遣に反対して、「こんなことをやっていても海賊はなくならない。本当になくすためには、漁村できちんとした対策を立てなければいけない。貧困をなくす対策が必要だ」とおっしゃっています。まことにその通りです。しかし、おそらくご本人も含めて、それでは私が行きましょうと手を挙げる人は今のところいないでしょう。問題はその地域に外部勢力やイスラム原理主義者が入り、ＮＧＯも含めて次から次へと外国人を殺すという、極めて治安の悪い状況になっているからです。それでも私は、こうした危険地域だからこそ行くべきだと思います。その覚悟がなければ、いくら自衛隊は撤収せよと言っても、相も変らぬ口先だけの護憲論にしかなりません。

それから何よりも重要なのはパレスチナです。ガザの入り口であるイスラエルのエレズの検問所の前で、それこそ憲法9条を守る会の人たちを中心にして、非暴力によるパレスチナ紛争解決のパフォーマンスをしてほしいと思います。嫌味ではなく本当にそう思っています。憲法9条を護り、パレスチナの人たちの人権を守れと言うなら、それを世界に発信しなければいけない。作家の村上春樹さんがパレスチナ問題についてエルサレム賞の記念講演の「卵と壁」で比喩的に触れたことがあり、大きな反響を呼んだことがあります。

単なる講演よりも瀬戸内寂聴さんやノーベル賞授賞者の大江健三郎さんや益川敏英さんなど9条の会の人たちがエレズの検問所に行って、我々は憲法9条の精神によってガザの人々、パレスチナの人々、イスラエルの人々の友好の架け橋をつくるのだと世界中にアピールする方がはるかに影響力があると思います。実際に外国のNGOの中には平和の船を仕立ててガザに支援物資を届けようという人たちもいます。イスラエル側とのトラブルで犠牲者が出たこともあります。9条の会の人も、それぐらいの覚悟を持つべきだと思います。

憲法9条部隊の呼びかけ

憲法9条部隊のモデルは、メノナイトの紛争調停サービス、JMASやJICAのシニアボランティアそして福島原発行動隊です。

2012年2月に、パプアニューギニアとトンガに行きました。パプアニューギニアは非常に治安が悪いということで、首都のポートモレスビーからはシニアボランティアの人たちは引き上げています。JICAの人たちも、夜間はもちろん日中もほとんど出歩かないような状況です。でも、それはないだろうと思います。とりわけシニアボランティアはもうそんなに命に執着しなくても良いだろう。はっきり言って、私自身、還暦を迎えてどのような思いになったかと言うと、たとえ今死んだとしても後悔はないということです。みんながみんな昔を懐かしんで、エレキギターを持って、ビートルズのコピーバンド作って歌っているだけが老後の過ごし方ではないだろう、というのが私の思いです。

それからもうひとつ福島原発行動隊がモデルとしてあります。福島原発行動隊というのは、原発事故が起こった直後に、若い人に原発内での事故処理の仕事を任せてはいけないと、60歳以上の元原発労働者あるいはいろんな技能を持った人たちが集まって、若い人に替わって原発の爆発を防ごうという組織です。私も2011年5月に新聞で行動隊のことを知り即日入隊しました。170番目の隊員です。実際にはいろいろな規制や技能、体力の問題があって、原発構内で作業することは事実上不可能になってしまいました。それでもいざとなったら原発に入って、たとえ放射線を浴びてでも原発の暴発を阻止するという、そういう問題意識と気概を持った人たちが全国で数百人集まっています。

だから決して憲法9条部隊は夢物語ではないということはわかります。全国には滅私奉公の気概を持った人たちがいます。今のところほとんど賛同が得られていないのは、皆さんへの説得が足りないのだと思います。今日ここに来て憲法9条部隊の話をしてくれということで、喜んで参りました。皆さんに、とりわけシニアの方に呼びかけたい。ぜひ憲法9条部隊に参加してください。

Ⅱ　原爆と原発の関係性を問う
——核の軍事／平和利用を中心に

木村　朗

はじめに

戦争とファシズムの足音はすでに日本でも聞こえてきていると感じます。最近の日本では、「非国民」、あるいは「売国奴」という言葉も使われるようになってきました。異論を排除し、封じ込める雰囲気が強まっています。今日お話しする原爆と原発の問題（—あるいは原発と基地の問題も含めて—）、はすべて繋がっていると思います。

実は２０１１年7月にアジア記者クラブで報告させていただく機会があって、その時に「原爆神話からの解放と核抑止論の克服——ヒロシマ、ナガサキからフクシマへ」ということで報告させていただきました。また、２００８年11月からインターネット新聞の「ＮＰＪ（ニュース・ピープル・イン・ジャパン）」に論評「時代の奔流を見据えて—危機の時代の平和学」を不定期で書かせていただいています。このところ「福島原発震災の意味を問う」ということで書かせていただいています。また、北九州小倉は私の生まれ故郷ですが、長崎が小倉の代わりに犠牲になったということもあって、この10年以上の間ずっと原爆投下の問題を追いかけています（そこでの私の原爆投下をテーマにした講演も『小倉タイムス』という地元新聞に掲載されています）。

今日は原爆投下の話をするのではなくて、むしろ日本への原発導入と核開発に繋がるような問題を中心にお話しします。この問題については、私よりも槌田敦さんや藤田佑幸さんといったご専門の方がいますし、鈴木真奈美さんの著書『核大国化する日本　平和利用と核武装論』（平凡社新書）、広島平和研究所の田中利幸さんがピーター・カズニックさんと一緒に書かれた『原発とヒロシマ─「原子力平和利用」の真相』（岩波ブックレット）や、その他にも重要な著作がいくつも出ていますので、それらを参考にしながら報告させていただきます（藤田祐幸著『藤田祐幸が検証する原発と原爆の間』影書房、槌田敦、

北九州小倉北区の勝山公園にある長崎の鐘と著者

藤田佑幸、井上澄夫、山崎久隆他の共著『隠して核武装する日本』本の泉社、有馬哲夫著『原発と原爆「日・米・英」核武装の暗闘』文春新書、同『原発・正力・CIA―機密文書で読む昭和裏面史』新潮新書、他参照)。

フクシマの意味と原発震災の教訓

２０１１年3月11日の東日本大震災は３・11と呼ばれていますが、福島第一原発事故は「フクシマ」というカタカナの言葉で世界化されるにいたりました。あのとき一体何が起こったかも含めて、その事態をどう見るのかということではさまざまな見方があります。大震災でいえば、１９２３年の関東大震災、１９９５年の阪神淡路大震災があって、今回の東日本大震災です。また原発事故としては、１９７９年のスリーマイル、１９８６年のチェルノブイリ、そして２０１１年のフクシマです。そして「ヒバクシャ」(被爆者と被曝者の双方を含む)という視点で見れば、ヒロシマ・ナガサキ、ビキニ(第五福竜丸事件)、そしてフクシマということで、日本はこれで3度の核被害を被った非常にまれな国になったともいえるでしょう。

また、９・11という世界の状況を一変させた大きな事件が２００１年にアメリカで起きましたが、３・11は９・11以上に世界の流れを混沌としたものにする契機になったのではないかという見方もできると思います。この3・11と9・11については、私は少し違う視点で捉えているのですが、今日はその話は申し上げません。世界から3・11以後の日本がどういう風に見られているかに関して言えば―日本人の中からも自問自答という形で今なされていることですが、なぜ唯一の核攻撃の被害国、自称「唯一の被爆国」で狭い島国であり、地震大国、津波大国である日本に、いつの間にか54基もの原発を保有する世界第3位の原発大国になることになったのか、という疑問です。

それと並ぶもうひとつの問いは、3度目の核被害を被った当事国である日本が、3・11の事態を受けて、世界の他の国々、例えばイタリア、スイス、ドイツなどが原発全廃に方向転換しようとしているにも関わらず、なぜその当事国である日本においては原発再稼働や、原発輸出という愚かな選択をしようとしているのか。これは非常に不可解であり不思議というか、正気の沙汰ではないと思いますが、そうした根本的な疑問を一緒に考える契機にさせてもらえればと思います。

実はこの間、基地問題にも多少関わって論じてきました。「原発と原爆」が今日のテーマですが、「原発と基地」も実は根っこが同じだと感じています。原発は民主主義の対極であると鎌田慧さんが指摘されていますが、まったく同感です。また。「福島と沖縄」の共通性をめぐる論点が最近取り上げられていますが、「犠牲のシステム」という中央から周辺への一方的な犠牲の押しつけという視点（高橋哲哉著『犠牲のシステム　福島・沖縄』集英社新書、を参照）も重要です。そういう差別、抑圧は原発問題だけでなく、基地問題、とくに沖縄の基地問題に共通して言えることではないかと思います。

原発をどうやって止めるかという問題も、日本の基本的な差別抑圧構造、あるいは産業経済構造を根本的に改めることなくして根本的解決はないと思います。今日も「原発と原爆」ということですが、本当の意味での「核のない世界」―核兵器だけではなく原発や核関連施設も一切ない世界を実現するためにも、沖縄を含む日本全土から基地をなくしていくためにも、そういう基本的認識を持つ必要があります。

ここでは、原発事故と原爆攻撃の共通性に注目したいと思います。両者の共通性をまず感じるのは、「核爆発（攻撃）後の死の光景」です。3・11後の2011年4月20日頃に福島、5月20日頃には、宮城、岩手両県に行って、地震、津波、原発事故という三重の複合被害の現場である被災地を見てきました。「失語症」という表現がありますが、本当に言葉が死んでしまうというか、筆舌に尽くしがたい光景でした。私自身もそうですが、多くの方々や論者が、大震災と原発事故後の光景を、まるで戦時中における大空襲（爆撃）後の徹底的に破壊された東京、あるいは原爆投下直後の広島、長崎の地獄のような悲惨な光景とを重ね合わせて感じているようです。

現場の被災地や福島の福島第一原発周辺の地域を見た方は、「核戦争後の世界」、「死の街」といったイメージでしょうか。不謹慎な言い方であるとして大臣を辞めさせられた方もいましたが、まさしく「死の街」そのものであったと思います。津波被害と火災が続いた地域を見た方の感想としては、東京大空襲に代表されるようなやはり空襲や爆撃があった直後のような光景、あるいはヒロシマ・ナガサキの爆心地、その周辺の焼け野原といった戦場に近いイメージを持たれた方が多いみたいです。

石巻市南浜町出身の作家の辺見傭さんは、「夥しい数の命が失われてみる影もなく町が壊され、私が生まれ育った町はもう痕跡もないくらい破壊されました。まるで核爆発でも起きたように」と述べています。

ジャーナリストの鳥越俊太郎さんも、原発事故を起こした東京電力・福島第一原子力発電所の正門前まで突撃取材した直後の和歌山放送の第87回情報懇談会（２０１１年４月26日）において、「被災地の光景は、原爆を投下されて焼け野原になった広島、長崎の光景、さらには東京大空襲の光景を見るようだ」と語っています（「一語一絵 中島耕治のちょっといい話―和歌山放送社長ブログ」参照）。

ノンフィクション作家の佐野眞一さんは、未曾有の原発

震災後の辺見庸さんの母校・門脇小学校（石巻市）

事故によってゴーストタウンと化した通称「浜通り」の双葉町に4月24日に行ったときに見た光景のことを、「まるで夢で見た風景の中を歩いているようだった。通りには人っ子ひとりいないにもかかわらず、横断歩道脇のボタンを押すと信号だけは点滅した。…（中略）だが、豊かな暮らしはその原子力によって奪われ、商店街は、核戦争後の世界のように不気味に静まりかえっていた」と描写しています（『週刊現代』2011年5月23日号参照）。

批評家で著名な浅田彰さん（京都造形芸術大学大学院長）も、「東日本大震災とそれによって起こった原子力発電所事故は、われわれの目前におそるべき廃墟を現出させた。その廃墟は、1923年の関東大震災や1995年の阪神・淡路大震災を想起させる以上に、見方によっては原子爆弾を投下され敗戦に追い込まれた1945年の日本の廃墟と重なって見える」と指摘しています（「浅田彰大学院長『アサダ・アキラ・アカデミア』（磯崎新、岡崎乾二郎、椿昇）開催！」参照）。

また柄谷行人さん（文芸評論家、哲学者）は、アメリカの新聞に頼まれて書いたエッセイの中で、「そこに今度の地震がおこったのである。それは再び戦後の焼け跡を想起しただけではない。原発の事故は広島や長崎を想起させずにいられない」と語っています（柄谷行人「地震と日本」『現代思想　特集　東日本大震災　危機を生きる思想』2011年5月号参照）。

これは原爆と原発の共通性という意味の、目に見えるレベルでの印象です。もうひとつの原爆と原発の共通性を考える場合に浮上してくるのが、外部被曝と内部被曝の問題です。原発事故報道の中では外部被曝がどちらかといえば前面に押し出される一方で、より重要深刻だと思われる内部被曝の問題が後景に隠される傾向が顕著であったという印象があります。「外部被曝で直接亡くなった人はいない。チェルノブイリでも犠牲者の数は限られていた」という言い方がその典型的代表です。外部被曝、体外被曝による急性放射性症という問題が少し表に出ていますが、内部被曝、体内被曝の問題、これは低線量被曝や、ヒロシマ・ナガサキの場合の残留放射能による被爆とも関連しますが、それが不当に過小評価され、隠蔽されているのではないかと思います。

放射能被害で何が深刻であったかと言えば、例えば放出されたセシウム137ですか、それは広島型原爆の168・5個分であったという話です。ヨウ素131は2・5個分、ストロンチウム90は2・4個分とか、その量を見ても自然環境にかなり大きな被害を3・11は与えたと思います。より深刻なのは児玉龍彦さん（東京大学教授）の、「原発と原爆では一定期間後の放射能残存量に大きな違いがあって、1年後に原爆の場合は1000分の1に減少するが、原発の場合は10分の1にしかならない」という指摘です。この指摘を見てもわかるように、より深刻なのは、原発による放射能被害であると思います。

福島県立医科大などを中心に被曝調査（県民健康管理調査）を今後30年間に亘って行なうと発表されていますが、その被曝調査が本当に真剣に全面的に行なわれる保証はありません。とりわけ注目されるのが、よく名前を出される山下俊一氏（福島県立医科大学副学長、元長崎大学教授）です。この方はチェルノブイリの調査でも非常に有名な方ですが、内部被曝問題を軽視する傾向が顕著であって、福島での今回の被曝調査が実態に沿った形で行なわれる保証が本当にあるのか疑問が指摘されています。

ナガサキ・ヒロシマの被爆直後に、占領軍が入ってきて設けられた原爆被害調査のための機関ＡＢＣＣによって、被爆者に対するモルモット扱い同様の人体実験が行なわれたのではないかという深刻な問題があります。そのＡＢＣＣの後継機関である現在の放射能影響研究所とも重なって、福島県民の被曝調査がそのような流れになってくる恐れが非常に高いのではないかと危惧されているのです。

広島・長崎の被爆者でも、原爆症認定をされている人は非常に限られており、その原爆と被爆者の障害との直接な関連性を医学的に、また科学的に問うことは今でも非常に難しいという実態があります。そのような状況の中で、福島での放射能被害、健康被害と原発事故との関連性を問うのは今後より困難になることが予想されます。そうならないようにするためにも、多くの市民がその動きを厳しく監視して、まともな調査と治療と補償を行なっていく必要があると思います。

核・原子力の軍事利用と平和利用――（その一）原爆から原発へ

よく言われるように、原爆も原発も、核物質、核エネルギー、核技術を利用するという点においては同じ１９４１年12月、真珠湾攻撃が始まる直前に始まり、正式には１９４２年の夏に発足したと言われるマンハッタン計画です。これは１９４６年8月、アメリカの原子力委員会ＡＥＣが発足するまで続きました。また、戦後の原爆障害調査委員会（ＡＢＣＣ）による広島・長崎での被爆者の遺伝的影響調査（この調査は、治療ではなく観察とデータ収集を目的とした調査で、被爆者はモルモット扱いをされた）もそうした流れの中で行なわれたものでした。マンハッタン計画で開発された原爆は、その後の水爆に繋がるのですが、他方、そうした核爆弾の開発過程で生まれたエネルギーを無駄にしないための副次的な利用ということで原発が生まれることになりました。もちろん、当時は冷戦状況であり、さまざまな政治的思惑もあって、原子力エネルギーの非軍事的利用あるいは商業利用・産業利用として原発が作られるようになったわけです。平和利用という言葉は後から政治的意図もあって出てきた言葉で、当初は商業利用あるいは産業利用とされていました。

マンハッタン計画との関連では、その骨格部分が大戦中に形成され、その後さらに肥大化して戦後のアメリカをコントロールすることになった、軍部と軍事産業が結合した軍産複合体が確立されることになりました。アイゼンハワー米大統領が１９６１年1月17日の離任演説で、アメリカという国家を動かしているものは大統領というよりも巨大な軍産複合体であり、その結果、アメリカは不必要な戦争に巻き込まれる危険性が出てきている、という重要な警告を行なったことは有名ですが、その軍産複合体を生み出すことになったのがマンハッタン計画という一大プロジェクトでした。そして、それはさらに巨大化して今日に至っています。

また原爆、水爆の開発はどちらかといえば化学産業が中心でしたが、もうひとつ、軍産複合体の一翼を担っていた産業が電力産業です。これがその後の原子力産業の中核になる企業産業とも繋がって行く関係にあります。そのことを春名幹男氏（名古屋大学特任教授）が『世界』2011年6月号の原子力特集への寄稿論文「原爆から原発へ　マンハッタン計画という淵源」の中で次のように語っています。

「少しだけご紹介しますと、マンハッタン計画に参加した企業がスマイス・レポートという中に20社、名前が入っていますけども、重要な役割を演じた会社としてはデュポン社、ユニオンカーバイド社、テネシーイーストマン社、ウェスティングハウス社という4つが上げられています。ウェスティングハウス社というのが原発、原子力産業の中心のひとつの企業であります。原子力発電の民間への移行に伴って中心となった企業が、ウェスティングハウス社、ゼネラルエレクトニック社、パルポップ・アンド・ウィルホップス社、コンバスチョン・エンジニアリング社という原発4大メーカーがアメリカにその後誕生したということです。日本でも東芝、日立、三菱重工は軍需産業の中核であり、原子力産業の中核にもなるという、そうした流れであります。」

　マンハッタン計画と原子力産業、原発との関係で言えば、原子力の軍事利用としては核爆弾（原爆や水爆）以外には、原子力エネルギーを軍事用動力炉として使おうという発想があって、それが最初に実用化されたのが１９５４年９月30日に就航したという原子力潜水艦ノーチラス号ですね。また、それを軍艦にも応用しようということで、後に原子力空母になります。軍用機にも応用しようという発想もあったようですが、結局これは実用化されなかったようです。そして、軍事用動力炉を陸地に上げて使うことになったのが、原子力発電です。

　日本への原発導入の経緯については、ＮＨＫが１９９４年に放映した『原発導入のシナリオ～冷戦下の対日原子力戦略～』という非常に優れたドキュメンタリーがあります。そこで克明に描かれていましたが、１９４５年7月16日にマンハッタン計画でアラモゴードでの原爆実験に成功して、ヒロシマ・ナガサキに原爆が投下されました。その後、１９４９年9月に、ソ連が原爆開発に成功し、３年後の１９５２年11月にはアメリカが水爆、その翌年の１９５３年8月にはソ連が水爆開発するという形で、際限のない核軍拡競争が繰り広げられることになりました。そうした中で核・原子力に関する情報―これは厳重な秘密であり、統制がなされていたわけですが、ソ連が核開発に成功し、水爆までも1年後にすぐに追いついて保有能力を持つにいたったという緊迫した状況の中で、アメリカの核独占体制が事実上崩壊することになったのです。

その結果、アメリカは窮地に追いやられたわけで、それまでの核政策、原子力政策の見直しを迫られることになりました。その核・原子力政策を見直そうとする矢先に、ソ連の方から先に原子力の平和利用、すなわち原発の同盟国への輸出という提案がなされます。そうしたそれらの動きに対抗するために、アメリカは従来の核・原子力政策を根本的に転換して、原子力の平和利用を提起したのが、あの有名な１９５３年12月８日の国連総会で行なった「平和のための原子力」というアイゼンハワー演説です。アメリカが積極的に推進した原発輸出政策の背後には、軍事安全保障としての核政策、核戦略があったことが間違いない事実です。具体的に先導役を担ったのが中央情報機関ＣＩＡであったのです。

アイゼンハワーの演説が行なわれてからまもなくして世界を驚かせる重大な出来事が起こります。それは言うまでもなく１９５４年３月１日のビキニ水爆実験による日本のマグロ漁船・第五福竜丸の被爆事件です。日本にとっては１９４５年８月の広島・長崎に次ぐ２度目の放射能被害であり、日本中が大騒ぎになりました。そういう状況の中で、アメリカ側が原子力の平和利用なり、原子力発電の積極的輸出政策をするようになった本当の狙いは何だったのかについては、次のような複数の多様な要因を指摘することができます。

そのひとつは、米ソ冷戦下での激しい核軍拡競争の中で、アメリカの世界的覇権、あるいは西側の資本主義陣営内での覇権を維持するためにも原発関連の核技術情報や核物質を輸出することによって、その輸出した相手国をコントロールするということです。もうひとつは、ソ連の相次ぐ原爆、水爆実験の成功を非難する一方で、自国の核実験については意図的に隠そうとしたことです。つまり、ソ連という一党独裁の得体の知れない国が一方的に軍事力強化に走っているという印象操作を行なって、ソ連側の軍事力のみを国際社会にとっての脅威として描こうとする狙いがあったのではないかということです。

そして、日本との関係で言えば、もともと日本人には広島・長崎への原爆投下による放射能被害という経験があり、潜在的な原爆・核アレルギーというものが根強くありました。それがビキニ水爆実験での第五福竜丸乗組員の被曝によって一気に表面化して反核・反米感情が爆発する可能性があったのです。実際に、日本では第五福竜丸事件直後から反核・反米感情の大きな動き・運動が生まれ、1年間で何千万も署名が集まり、1955年8月6日には広島で最初の原水爆禁止世界大会が5000人くらいの参加者で開かれました。こうした日本における反核感情の爆発と原水爆禁止運動の高揚が反米感情に直結するのではないかという懸念がアメリカ側にあったことは間違いありません。そこで、アメリカはそうした状況を逆手に取って反核・反米感情を沈静化させる手段として、大々的な原子力の平和利用キャンペーン、宣伝工作を行なうことになった。つまりアメリカは、日本人の中にある反核・反原爆感情がアメリカへの反発、反米感情にそのまま転化する恐れがあったので何らかの対策を講じる必要に迫られていたと言えます。

では、当時の日本の事情はどうだったのでしょうか。日本側に目を転じれば、当時は敗戦から復興へという転換期でした。日本は資源が乏しい島国で、エネルギー不足への不安という事情もあって、新しいエネルギー源としての原子力に期待するという流れが一方にあったと思います。また原爆攻撃を受けた唯一の国であるために、原子力の軍事利用を否定する感情はすごく強かったのですが、その反面、原発導入時に盛んに言われた原子力の平和利用（実際は産業・商業利用）という宣伝に騙されやすい素地があったと言えます。つまり、原発は軍事とはまったく別物であるという論理のすり替えが自然に入ってくる余地が当時の日本人にあったので、当初は日本最初の原発を被爆地である広島に創設するという提案（1955年1月にアメリカのシドニー・イェーツ議員が下院議会に提出した決議案）さえ出されていたほどです。その他の要因としては、近代科学技術への楽天的な妄信がやはり非常に強くこの頃の日本にはあったという事情も指摘できます。最後にあまり言及されない重要な論点としては、日本側が原発を積極的に導入しようとした動機として、当初から潜在的な核製造能力の獲得・保有という隠された狙いがあったと思います。

1950年代にアメリカの代理人となって日本に原発を導入する先導役を務めたのが、当時改進党に所属していた若手議員の中曽根康弘氏（元首相）と「メディア王」とも称され政界進出（首相になる！）の野心を持っていた正力松太郎氏との二人でした。

当時は野党改進党の予算委理事だった中曽根氏はヘンリー・キッシンジャー氏が主催するハーバード大学のサマー・セミナーに出席するため、ＣＩＡの資金提供を受けて１９５３年９月に渡米します。アメリカ滞在中に日本にも原発が必要との考えを固めた中曽根氏は、帰国後、仲間の若手政治家数名（稲葉修、齋藤憲三、川崎秀二）と一緒に原子力平和利用調査費の予算獲得に動き、１９５４年３月の衆議院で２億３５００万円の原子力関連予算案を初めて採択させます（野党議員の質問に中曽根康弘氏は「予算が２億３５００万円なのは濃縮ウランが２３５だから」と答えたとのちに語っています）。これはまさに、日本の原子力政策は巨額の税金を投入する「原発利権」となっていく原点であり、その後、中曽根氏は科学技術庁長官や原子力委員会委員長を歴任するなど、原発推進の先駆者だった正力氏とともに戦後日本の原子力推進勢力の中心人物となっていきます（中曽根康弘著『天地有情―50年の戦後政治を語る』文藝春秋、１９９６年参照）。

日本への原発導入のもうひとりの立役者が、のちに日本の「原子力の父」となる読売新聞の社主で日本テレビの創設者でもあった正力松太郎氏です。正力氏は、関東大震災の時の警視庁官房主事で、朝鮮人虐殺にも関連があるのではないかと指摘されている曰く付きの人物ですが、その片腕である柴田秀利氏という読売新聞専務とともに、アメリカ側のダニエル・ワトソン氏というＣＩＡのエージェントと言われている人物と一緒に原子力に好意的な親米世論を日本に形成するための「工作」を水面下で展開し原発導入の道筋をつけたと言われています（有馬哲夫『原発・

正力・CIA—機密文書で読む昭和裏面史』新潮新書、2008年参照)。

具体的には、まずジェネラル・ダイナミックス社のジョン・ジェイ・ホプキンス社長や核物理学者を中心とする核・原子力の平和利用のための民間施設団(「原子力の平和利用使節団」)を読売新聞社が日本に招請するというかたちで実行されました。そのお金はCIAから出たとも言われています。またこれに呼応して全国11都市でも55年11月から56年8月にかけて日米合作(米国大使館と読売新聞社の共催)による「原子力平和利用博覧会」が一斉に開催され、約260万人を集めたといわれます。それと同時に全国的にも一大キャンペーンが展開されただけでなく、広島でも開かれて10何万人かが集まったようです。まさにそれは近代科学技術の粋を集めた原子力の輝かしい未来のエネルギーという側面がプロパガンダとして、当時の日本国民に幅広く浸透させられていきました。こうしたマインド・コントロール(洗脳)によって、原子力の平和利用という幻想が日本人に受け容れられていったわけです。読売新聞を中心とする各紙だけでなく、創設されたばかりの日本テレビを通じたプロパガンダ放送・記事を垂れ流すことで、当時の日本人のなかに根強かった核・原爆アレルギーが弱められ、沈静化させられることになったと思います(田中利幸、ピーター・カズニック共著『原発とヒロシマ——「原子力平和利用」の真相』岩波ブックレット、2011年、および山岡淳一郎著『原発と権力—戦後から辿る支配者の系譜』ちくま新書、2011年他参照)。

核・原子力の軍事利用と平和利用—（その二）原発から原爆へ

ここから原子力の平和利用から核の軍事利用という問題に入りますが、今までお話ししたのは「原爆から原発へ」という流れでした。それは原爆がマンハッタン計画の子どもであるならば、原発は孫であるという流れです。しかし、それと同時に密かに「原発から原爆へ」というもうひとつの流れがありました。核爆弾（原爆だけでなく水爆も含む）の製造という流れが同時並行的に動いていたのです。正力氏が初めから核武装を狙っていたかどうかは不明ですが、中曽根氏は当時から一貫して核武装論者であった可能性が高いと思われます。中曽根氏が国会で1954年3月に日本で初となる2億3500万円の原子力予算案を提出したことはすでに述べましたが、その中曽根氏は、翌56年、原子力委員会を発足させるとともに、1959年には科学技術庁長官として入閣し、原子力委員会の委員長となっています。そして1970年には防衛庁長官にも就任し、私的に専門家グループを招いて核武装についての研究をさせていたことをのちに明らかにしています（中曽根康弘著『自省録—歴史法廷の被告として』新潮社、2004年参照）。

このように中曽根氏は当初から核武装への道、すなわち潜在的な核兵器製造能力を保持するための原発導入という目的・問題意識を持っていました。また、科学技術庁ができたのは

１９５６年ですが、その発足に関連する文章の中にもやはり原子力の技術を核開発に繋げるような意図を含めた文言が含まれていました。また、日本で隠された核武装への意図が表面化するのは、１９６４年の中国核実験成功の報を受けた日本側の動きです。佐藤栄作首相が中国に対抗して日本も核保有する意思があるという表明をしたときに、ニクソン大統領から咎められたわけです。そして、日本に核武装を断念させるために、アメリカが「核の傘」を提供する代わりに、ＮＰＴ（核不拡散体制）体制に日本を入れることになったという経緯があります。しかし、日本はそれで、核武装を完全に断念したわけではありませんでした。１９６８年に内閣調査室が『日本の核政策に関する基礎的研究』という文書を内閣調査室主導でまとめています。そこには、原子力の平和利用で運転を始めたはずの東海村原子炉でできるプルトニウムを核兵器用に用いるという計画案が書かれていました。また、その翌年の１９６９年、外務省外交政策企画委員会が出した『我が国の外交政策大綱』には、核兵器製造の経済的、技術的ポテンシャルは常に保持するとともにこれに対する掣肘をアメリカから受けないよう配慮するとして、原子力の平和利用技術を援用していつでも核兵器を持てるようにするという方針を明確に打ち出していました（槌田敦、藤田祐幸、井上澄夫、山崎久隆他著『隠して核武装する日本』影書房、２００７年参照）。

ちょうど同じ頃に、日本が西ドイツとも秘密裏に核武装についての協議を行なっていたという事実も明らかになっています。ＮＨＫの報道（２０１０年10月３日に放映されたＮＨＫスペシャル「スクープドキュメント〝核〟を求めた日本～被爆国の知られざる真実～」）によると、１９６９年２月に外務省幹部が旧西ドイツ外務省幹部と東京・箱根などで協議し、日本側（佐藤栄作政権）が核兵器を保有する可能性を示して西ドイツに協力を求め、西ドイツが難色を示したと伝えたといわれています。日本側は、のちに事務次官になった村田良平氏（故人）、鈴木孝国際資料部長ら数人、西ドイツ側はエゴン・バール政策企画部長ら数人が参加したといいます。このとき西ドイツ側は日本側の提案に消極的であったと伝えられていますが、核技術抑止論なるものを実は持っていていました。この核技術抑止論というのは、いつでも核を保有するだけの技術と核物質を持っていることで相手国に対する抑止になるという発想です。本当に核兵器を現実に持つ意志はないという意味合いでも核技術抑止論は強調されるのですが、しかしその真意を探るのは非常に困難です（「NHKスペシャル」取材班（著）『〝核〟を求めた日本　被爆国の知られざる真実』光文社、２０１２年参照）。

３・11東日本大震災と福島原発事故以降の日本では、核武装論が再活発化する動きがあります。こうした動きは潜在的核武装能力の保有、すなわち核兵器を実際に保有している抑止力ではなく、「核の技術による抑止力」の獲得・保持という発想は、１９５０年代の原発導入論議以来、日本の政界、官界、財界において今日まで根強く生き残っています。つまり日本は１９７６年６月にNPT（核不拡散体制）を批准して、IAEA（国際原子力機関）の査察を受けるという選択を、日米安保体制下における「核の傘」の提供と引き換えで受け入れて、核武装、核保有を表面上は断念したように見えますが、原子力の平和利用という大義名分の下で原発導入をはかりつつ、その一方で潜在的核武装能力の保持という強い国家意思を今日まで密かに持ち続けてきたのです。

なぜ日本が世界第3位という54基もの原発を持つにいたったのかという問題とも関連するのですが、日本にはすでに濃縮・分離されたプルトニウムが40トンほど蓄積されているといわれています。六ヶ所村の再処理過程で毎年8トン出ているんですけど、その0・1%である80kgぐらいが毎年なぜか行方不明となっているようです。それは配管の中にこびり付いているのだという説明がなされていますが、場合によってはそれらを密かに集めて、原子力の軍事利用、つまり核兵器製造に使うこともできるのではないかという指摘もされています。それは槌田敦さんも指摘していますし、鈴木真奈美さんも著作の中でそういった懸念が国際社会から日本に向けられていると書いています（前掲・槌田敦ほか著『隠して核武装する日本』影書房、２００７年、および鈴木真奈美著『核大国化する日本　平和利用と核武装論』平凡社新書、２００６年参照）。

日本が再処理施設や高速増殖炉にあれほどこだわる理由、あるいはプルサーマル計画の一環としてＭＯＸ燃料を使おうとしている理由も結局はそこに繋がっているのではないかと言われています。もし40トンものプルトニウムがあれば、５０００発のヒロシマ型原爆ができるとか、年間80kgのプルトニウムで原発2個は保有可能だと言われています。論者によって評価が違うのですが、２００２年の安倍首相が、「その気にさえなれば、１週間以内に核兵器を持つことができる」と語っているように、日本は最短では1～2週間、少なくても2～3ヶ月以内、遅くとも1年以内には核武装できるという説・見方があります（藤田祐幸著『藤田祐幸が検証する原発と原爆の間』本の泉社、２０１０年10月参照）。

最近わかったことですが、１９８２年以来の16回にわたる交渉を経て１９８８年7月に発効した新しい日米原子力協定で、この時に日本の核武装を援助するような政策決定合意が基本的になされたという話があります。国家安全保障問題に特化した通信社であるナショナル・セキュリティー・ニュースサービス（ＮＳＮＳ）の２０１２年4月9日付けのスクープ記事によれば、米国側は日本が１９６０年代から核開発の秘密計画を保持しているのを、ＣＩＡなどの諜報活動で確認していながら、米国内で頓挫したプルトニウム増殖炉の設備や、技術の日本への移転を認めるとともに、国防総省の反対を抑え込んで、英仏からの再処理プルトニウム海上輸送を容認さえしていたということです。

3・11後における核武装論者の表舞台への登場

核武装論は、安倍晋三首相だけでなく、石原慎太郎氏や中曽根康弘氏、西村眞悟氏や故中川昭一氏などが主張して物議をかもしたことがありますが、２０１１年3月の福島原発事故後に、多くの論者が公然と主張し始めています。例えば、当時の石破茂・自民党政調会長（防衛庁長官、防衛大臣を歴任、現在は与党・自民党幹事長）は、「核の潜在的抑止力を維持するために、原発をやめるべきとは思いません」とテレビ（8月16日、「報道ステーション」）で持論を堂々と展開しています（雑誌『ＳＡＰＩＯ』２０１１年10月5日号）。

それは、日本政治の中核に位置する重要人物が、当時の脱原発・反原発へという流れが急速に強まっている状況に対して強い危機感を抱き、原発を存続させなければ日本の潜在的な核保有能力を保持するという国家の独立に関わる重要な選択が放棄されることになるという本音を公の席で隠すことなく率直に述べたということで重大な意味を持っています。

これに関連して、「地下式原子力発電所政策推進議員連盟」が3・11からまもない5月31日に発足しました。その会長は、たちあがれ日本代表で元経済産業相の平沼赳夫氏。顧問は、民主党の鳩山由紀夫前首相、羽田孜元首相、石井一副代表、渡辺恒三最高顧問、自民党からは谷垣禎一総裁、森喜朗元首相、国民新党は亀井静香代表らの著名な政治家9人です。この組織の発足は、基本的に潜在的な核武装能力を保有・維持する選択肢を残すためにも今後も原発を止めることがあってはならないという強い意志で著名な政治家が動き始めたとみなすことができます。その一方で、脱原発を口にしながら核武装を唱える橋下徹・大阪市長や、漫画家の小林よしのり氏などもいます。いずれにしても、日本のいまのこうした状況は非常に危険な動きだと思います。

NPTのIAEAの不平等性・二重基準

もともとNPT（核不拡散条約）体制は非常に不平等な体制です。核不拡散という大義名分はあるのですが、その前提条件は核兵器保有国が核廃絶を目指して核軍縮に真剣に取り組むという誠実な姿勢がまず求められること、またそれがあってはじめて非核兵器保有国が安全保障政策としての核保有という選択肢を放棄するという不平等な合意内容が機能するというものです。もうひとつの柱としては、核非保有国には核武装（核の軍事利用）を放棄する代わりに原発保有（原子力の平和利用）、すなわち原発導入・保有の権利を認めるということがあります。しかし、これまで核保有大国が核軍縮に誠実に取り組んだとは到底いえないばかりか、最近ではイランに対して行なわれているようなかたちで、非核兵器保有国が原発を保有できるという当然の権利にも一方的に制限を加えようとする動きが出てきています。

これに対して日本がNPT体制に加盟する際には、中曽根康弘氏などに代表される核武装論者（あるいは隠れ核武装論者）は、このような不平等な条約は到底受け入れられないと当初かなり強く反対していました。しかし、その後、さまざまな取引・交渉がなされる中で、結局は妥協が成立して日本は１９７６年にＮＰＴに加盟することになりました。それは、日本は非核三原則を国是として守りながら、自国の安全保障に関しては米国からいわゆる「核の傘」を提供してもらうことになっていたからです。そして、１９５５年11月には最初の日米原子力協定が結ばれ、日本の研究原子炉用に濃縮ウラン２３５を、６kgを限度にアメリカから貸与することなどの原発導入に向けたさまざまな原子力協力・支援を受けることになったわけです。そうした動きの中に、もし日本の核武装を容認する、隠された同意や協定が米国との間にあったとするならば驚きです（もちろん、許されることではありません）。ただ、ここでいえることは、日本は少なくとも核武装能力の獲得・保持の可能性という選択の余地を残しながら、日本はＮＰＴ体制に加盟し、ＩＡＥＡ（国際原子力機関）の査察を受けるようになったということです。

しかし、ＩＡＥＡにしてもＮＰＴにしても非常に差別的な、二重基準（ダブル・スタンダード）を持っているというのが現実です。例えば、イスラエルはＮＰＴには入らずに、アメリカやフランスが積極的に支援して核武装をするにいたっています。にもかかわらず、何らの制裁も受けることなく、現在まで放置されています。インドやパキスタンの例をあげれば、インドには甘くてパキスタンにはやや厳しいという対応です。また北朝鮮（朝鮮民主主義人民共和国）やイランに対しては、核武装保有の意思と能力がまだ確認されていない段階からあのような厳しい対応を一貫して続けてきています。また、その２国への対応にしても、イラン以上に北朝鮮の方が核武装には近いはずなのに、イランの方の経済・軍事制裁を先行させようとしたこともダブル・スタンダードだといえます。日本に対してはどうかというと、ＩＡＥＡの対応はかなり甘いといえます。もちろん日本はある意味でＩＡＥＡによる最大の査察対象国で、核保有に最も近い国だと指摘されてもいるので、当然ながら24時間の厳しい監視体制を受けているはずです。しかし、ＩＡＥＡは基本的にはアメリカ主導で動いている国際組織ですので、アメリカも必ずしも一枚岩ではないのですが、アメリカの一部勢力の容認を受けながら日本が核武装の抜け道を保証されている可能性も実は否定しきれないのです。

それから内部被曝と外部被曝の点で、国際放射線防護委員会（ＩＣＲＰ）というのは外部被爆のみを重視し、内部被曝を軽視する傾向があると指摘されています。これは米軍の日本占領直後に、広島や長崎の被爆者に対してモルモット扱いをした原爆障害調査委員会（ＡＢＣＣ）の流れを汲むアメリカ原子力委員会（ＡＥＣ）や、アメリカ放射線防護委員会（ＮＣＲＰ）の影響を色濃く受けた組織です。

また日本政府もそうした組織の影響下にあり、３・11と福島第一原発事故のあとで一般人への適用基準であった年間1ミリシーベルトを一挙に20ミリシーベルトまで引き上げ、その基準を子どもにまで許しても安全だという、とんでもない方針を出して行くことにも繋がったわけです。日本国民の生命と健康を最優先する立場に立つならば、本来ならば内部被曝をも重視するヨーロッパ放射線リスク委員会（ＥＣＲＲ）の厳しい基準を取り入れてもっと厳しく、迅速でより人道的な措置をとるべきであると思います。

「非核三原則」の欺瞞性

非核三原則との関連も重要です。非核三原則というのは、１９６７年12月、衆議院予算委員会で当時の佐藤栄作首相が、核兵器を「持たず、作らず、持ち込ませず」と述べたのが始まりで、その後、１９７１年11月に沖縄返還協定に関連して衆議院本会議で「政府は核兵器を持たず、作らず、持ち込ませずの非核三原則を順守すると共に、沖縄返還時に核が沖縄に存在しないことを明らかにする措置をとるべきである」との国会決議が行なわれたことで国是となったものです。しかし、これが当初から骨抜きのものであったことは核密約問題を見ても明らかです。原発との関連で、表向きは核保有を放棄しつつ、水面下では核武装への確固たる意思を一貫して続けるという流れと照らしても、見事に符合しています。

この非核三原則「持たず・作らず・持ち込ませず」の三番目の持ち込ませずに関しては、日米間において持ち込ませずというのは一時的な寄港・通過や緊急時の持ち込みは含まれないという解釈で合意していたことが関係者の証言で明らかになっています。そこの部分は曖昧なままにして核の持ち込みを事実上容認するという秘密の合意・密約が存在していたことが関係者の証言などで明らかになっています。２００９年夏の政権交代で登場した鳩山民主党政権の下で密約問題を解明する外交記録公開文書管理対策本部会議が外務省の中に設置され、きわめて不十分ながらも複数の密約の存在を確認する報告者も出されています。ただ、非常に残念なのは、密約の存在が明らかになったにも関わらず、関係者の処罰や密約の破棄が一切なされなかったばかりでなく、それとは逆に非核三原則はやめて非核二原則、あるいは非核二・五原則にすべきだという意見さえ出て現状を容認する空気が支配的になったことです。

また、１９９０年代初頭のシニア・ブッシュ政権の時になって戦術的核兵器を全て撤去したと一般的には言われています。しかし、実際には核兵器の積載の有無を明らかにしない「肯定も否定もせず」という政策（ＮＣＮＤ）は、それ以後も今日まで一貫して続いていますし、今でも横須賀を母港とするアメリカの空母・艦船や沖縄の基地などに核兵器が搭載・貯蔵されていないという保証は何ひとつありません。劣化ウラン弾にしても沖縄の鳥島で実弾演習が行なわれていたことが、１年以上経った後に表面化しました（１９９５年12月と翌年1月、米海兵隊岩国基地所属の垂直離着陸機ハリアーが、沖縄県・鳥島射爆場で行なった実弾演習で放射能兵器である劣化ウラン弾１５２０個を発射したという事実が明るみに出たのは、１年余り後の１９９７年２月でした）。その劣化ウラン弾はその後日本から撤去されて韓国などに移送されたとされていますが、本当に完全に撤去されたかどうかも日本側が確認する術はないというのが現実です。

日米安保体制の本質についてですが、「自発的従属」すなわち積極的な従属同盟という、相反する形容矛盾の言葉で表現することができるのではないかと思っています。戦後の日本とアメリカの関係には一貫して、こうした安保・基地問題だけでなく、原発問題でもそうですが、「従属（服従）」と「自立（抵抗）」ともいうべき、ふたつのせめぎ合いが一貫して流れています。１９９０年代半ばに小選挙区制が導入されて非自民党の細川護熙政権ができた時も、２００９年夏の本格的な政権交代によって鳩山民主党内閣が登場した時も、（いずれも小沢一郎氏がその中心でしたが）脱官僚政治とともに、対米自立が志向されました。その具体的な表れが、普天間基地問題をめぐって「国外移設、最低でも県外移設」という新しい方針でした。しかし、こうしたアメリカ離れとも思われる動きは、鳩山由紀夫首相が提唱した東アジア共同体構想もそうですが、対米自立の志向、本当の主権国家・独立国家になろうという日本の意思表示がなされるたびに、アメリカの強い反発と迅速な巻き返し、あるいは政権・与党の内外を問わず国内の抵抗勢力に足を引っ張られるという事態に直面することになります。そして、結果的にそれ以前以上に従属的な状態に揺れ戻るという悲惨な悪循環を繰り返しています。ここにアメリカの属国・植民地状態から抜け出すことができない日本の主権放棄ともいえるあまりにも情けない姿がみられます。「自発的従属」という表現は、まさにそのような日米関係の本質を象徴した見方だと思いますが、日本はいつになったら本当の意味での独立国家となれるのでしょうか。

脱原発・反原発と原発擁護・原発推進のせめぎ合い

3・11東日本大震災と福島第一原発事故以後の日本では、一時は脱原発・反原発の流れが強くなっていましたが、その後既得権を持つ勢力からの必死の巻き返しもあっていまでは原発の再稼働と輸出再開の動きがあたかも既定路線かのように出てきています。こうした流れや動きをどのように理解すればいいのでしょうか。それは、日本もアメリカも必ずしも一枚岩ではなく、日本側にもアメリカ側にも脱原発・反原発と、原発擁護・原発推進という二通りの流れ・勢力があるためだと思います。

日本側でいえば、原発推進を志向する人々ではいわゆる「原子力村」に代表される利権構造のなかで特権を享受している人々、あるいは自分と家族の生活のためにそう考える人々もいます。その一方で、やはり核武装能力の獲得・保持を望む人々――これは必ずしも「核技術抑止」に基づく潜在的核武装能力だけでなく実際に核兵器を保有して確固たる核武装国となるという考えを持つ人々が増え続けているという現実があります。それは日米安保条約を廃棄しない限り核武装は不可能である、だから日本が本当に独立国家になるためにも核武装は必要であるという考え方・

論理にもつながってきます。これは、アメリカとの対立を表面化させないかたちで潜在的な核武装能力を保持していくという、従来のやり方とはまた別の新しい考え方であり、ある意味でこれまで以上に危ない流れ・動きだと思います。

そうした流れとはまったく逆の流れも当然あります。3・11後の官邸前デモに象徴される脱原発、反原発の流れ・動きを担ったのは、もちろん私たちもそうですが、やはり未来の世代に自分たちの負の遺産を残したくない、経済・お金よりも生命・健康が第一であるという考えを持つ圧倒的多数の人々の存在です。これまでの原発に依存した成長神話とか安全神話を根本的に批判・克服して、日本にあるすべての原発を即時全面廃炉することが唯一の選択肢であると主張する流れです。

そして、こうした流れと重なるのが、日本の核武装や潜在的核武装能力の獲得・保持を平和憲法（特に憲法9条）の精神からも許されないと考えて原発の再稼働や再処理・プルサーマル計画などに強く反対する人々の流れ・動きです。もちろん私たちもそうした立場です。

ただ、ここで少し気になるのが、それとは別のもうひとつの流れがあるのではないかということです。それは、アメリカ側には利益最優先の原発擁護・推進派（オバマ大統領も含まれます）がもちろんいて日本側の原発擁護・推進派と連携して原発再稼働に向けて動いていることはいうまでもありませんが、それとは異なるもうひとつの勢力の存在があると思います。日本のテレビや新聞によく出てくるようなコメンテーター、ジャーナリスト、学者、官僚、政治家などの圧倒的多数は原発擁護・推進派ですが、きわめて少数であるとはいえ、日本に潜在的な核武装製造能力に繋がるような、再処理とかウラン濃縮をするような技術を持たせてはならないと考えるアメリカ側の一部の勢力、あるいはその逆に何らかの思惑を持って日本を密かに核武装させることを画策するアメリカ側の一部の勢力の意向を受けて、その代理人であるかのように振る舞っている人々もいるのではないかと思います。

核兵器廃絶と原発全廃に向けて

3・11以後のアメリカの動きをみていると、アメリカ側も相矛盾するような対応を日本に対して取っています。かつてイスラエルに核兵器保有を容認したようなかたちで日本やドイツに核武装を容認するという政策を、アメリカの主流派、多数派が一貫して取ってきたわけではありません。むしろ公式にはそれは絶対に許さないという方針を一貫して取ってきたかのようにいわれています。それはそれなりに当たっていると思うのですが、その一方で、中国や北朝鮮へのカードとして使うという思惑などもあって、日本の核武装を密かに支援する動きがあるのではないかと推測しています。ただし、日本を核武装させるのはあくまでも条件付きで、アメリカのコントロール下において、アメリカのコントロールに逆らわないことが絶対条件で、そういった核開発協力を秘密裏に押し進めている可能性もあると思います。

3・11東日本大震災と福島原発第一事故については、基本的には津波と地震は天災で、原発事故は人災であるといわれていますが、そういった見方を覆すような裏の動きもあるのではないかという問題にも繋がっていくのですが、それはまだ現時点ではあまりにも不確定な情報が多いので、ここではこれ以上は触れません。

いずれにしてもすでに述べたように、オバマ大統領が「核のない世界」をプラハで提唱してノーベル平和賞まで獲得しましたが、二重三重の意味で非常に欺瞞的な動きであったと思います。あのときにオバマ大統領が特に力点を置いて主張したのは核廃絶であったというよりも、核拡散と核テロの防止です。オバマ大統領はその演説の中で自分が生きている間に核廃絶が実現できるとは思わないと述べていますし、とりわけ新しいポイントは核廃絶ではなく、核テロの防止にあったと思います。プラハで演説したのも、ロシアがその配備強行に強く反対しているミサイル防衛という宇宙軍拡を進める超攻撃的なシステムを拡大する拠点をチェコに築くためであったというのが真相です。オバマ大統領の唱える「核のない世界」という提唱は、核の究極的廃絶というこれまで日本政府などの主張とほとんど変わりはありません。オバマ政権になってからも、すでに未臨界核実験も複数回行なっていますし、ブッシュ前政権の時に打ち出された負の遺産である核の先制使用を含む予防戦争戦略も放棄していないというのが現実です。オバマ大統領に素朴に楽観的に期待するのはいいのですが、無条件かつ過度にオバマ大統領やアメリカに依存して、それで何か世界が急に変わるかのように考えるのは幻想です。オバマ大統領が、ブッシュ前大統領が始めた大義なき「テロとの戦い」を継承して、アフガニスタン、イラクばかりでなくパキスタンまでにも戦線を拡大し、無人機や民間軍事会社などを活用して多くの犠牲者を出し続けているという厳しい現実を直視する必要があると思います。

日本では、３・11東日本大震災と福島第一原発事故という未曽有の被害を受けたのちも、原発再稼働や原爆開発・核兵器保有に固執しようとする勢力がいるのは本当に異常というか、正気の沙汰ではないと思います。また、３・11後の日本とアメリカとの関係でいえば、日本はいま米軍による「再占領」、

３・１１さよなら原発！ かごしまパレードのポスター

あるいは属国から属領へというより本格的な隷属状態に置かれるようになったといっても過言ではないと思います。

そうした中で新しい動きとして、１９６０～70年代の安保闘争に次ぐ、市民を中心とした下からの脱原発運動の大きなうねりが生まれています。

これはこれまで羊のようにおとなしく沈黙を守っていた民衆が異議申し立ての声をようやく上げ始めたということで、積極的に評価できる大きな変化です。民主主義とは選挙と多数決ではなく、デモ・座り込みと少数派・弱者の権利保障であるという意味で、いまの状況は民主主義活性化のチャンスだと思います。

また、３・11後の日本では、政府や電力

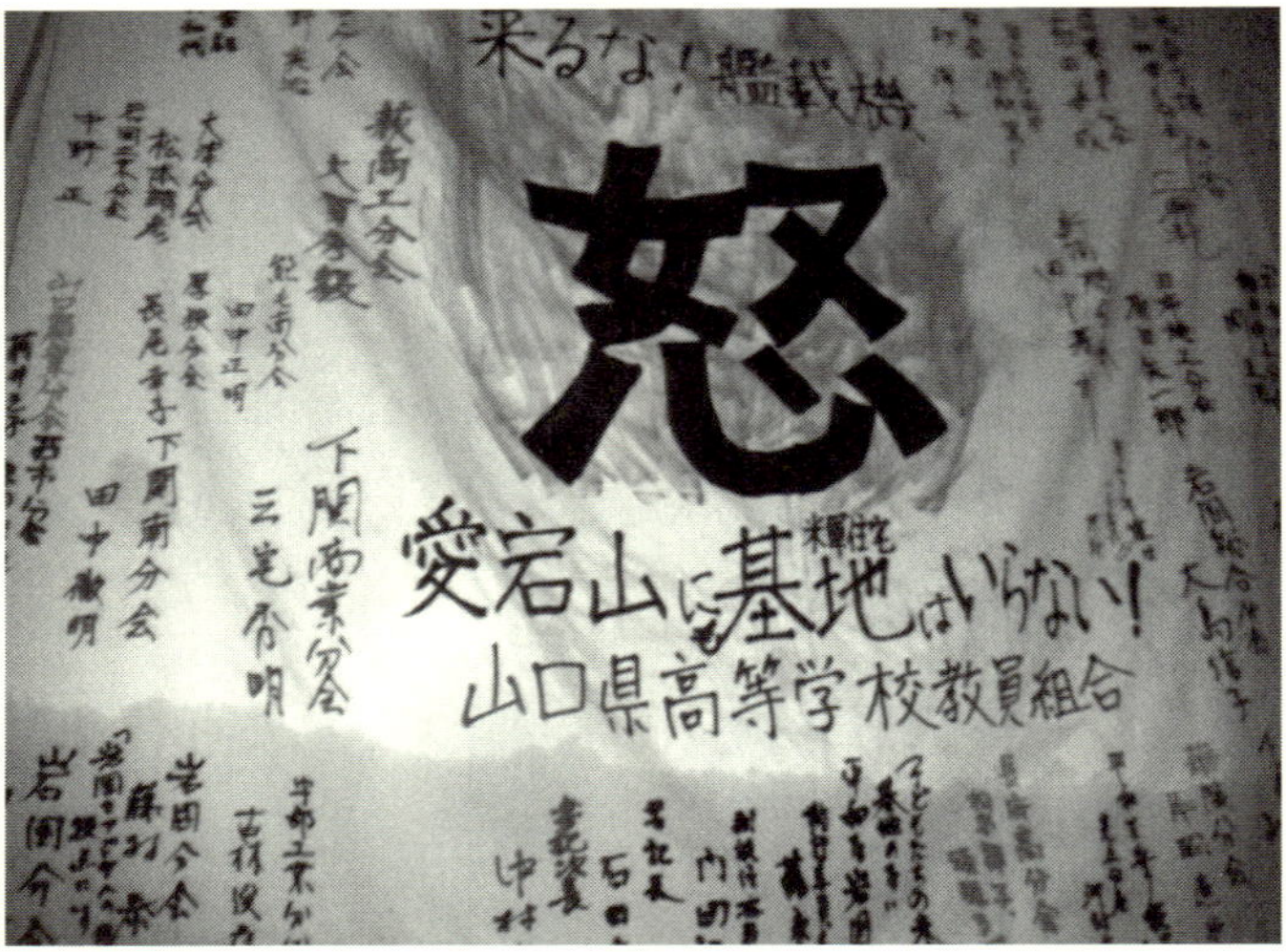

岩国での愛宕山米軍住宅反対の寄せ書き

会社は組織防衛や保身のために平気で嘘をつく、また大手メディアは必ずしも真相を伝えないばかりでなく、嘘の情報を積極的に流す場合もあるということを多くの国民が知り始めたということも希望を感じさせる出来事だと思います。

それはフリー・ジャーナリストたちやソーシャル・メディアが大きな役割をはたすようになったという情報環境の変化のあらわれでもありました。このような積極的な流れを少しずつ大きくしていくことで、いまの閉塞状況にある日本社会を再生・活性化させていく活路・展望が生まれてくると確信しています。

いまわたしたちに最も求められていることは、「人間にとってもっとも非人間的なのは、無関心である」（辺見庸氏の言葉）、「人間にとって無知は一時の恥だが、無関心は時には罪にさえなる」ということを自覚して、一人ひとりが「騙される者の責任」、「知ってしまった者の義務」をはたしていくことではないでしょうか。

Ⅲ　ピース・ゾーンの思想
――「権利としての平和」を考える

前田　朗

「権利としての平和」について一緒に考えてみたいと思います。

平和の権利は当たり前のことではないか、と考える方もいらっしゃるかもしれません。しかし、国際的にまったく当たり前ではなくて、従来、「権利としての平和」と考えていません。現在、日本の状況から「権利としての平和」という議論が出てきているだけでなく、世界の状況から「権利としての平和」が出てきています。中身はかなり重なっています。違う面もありますが、その両方を繋いで少し考えたいと思います。

9条を生きる

私は「9条を守る」ではなく「9条を生きる」という言い方をしています。「9条を守る」のはとても重要なことで、当然、私も「9条を守る」と言っているのですが、ただ「9条を守る」

という言葉の意味が非常に揺らいでいます。そこを考え直さなければいけない（前田朗『9条を生きる』青木書店）。

と言うのは、40年前、「9条を守る」という言葉は今とは全然違う意味で使っていました。今は「9条を守る」という言葉は「9条改悪阻止」の意味で使われています。「9条を書き換えさせない」という意味です。とりわけ、安倍晋三・第一次政権の時に、教育基本法改悪や憲法改正国民投票法などが登場して、9条改悪の危機だということで、全国で皆さんが立ち上がり、「9条の会」を始めとして、いろんな運動団体が「9条を守る」と一所懸命唱えたわけです。私も一緒に「9条を守る」と唱えました。

しかし、考えてみると言葉の意味が違う。「9条を守る」を「9条を書き換えない」という意味で使わざるをえなくなってしまった。40年前は違いました。以前は「9条を守る」という言葉は「9条に書いてある通りにしろ」という要求だったのです。「自衛隊は憲法違反だ」、「日米安保条約に反対」です。これが「9条を守る」という言葉の意味だったはずです。状況が状況ですから、9条を書き換えないという意味で「9条を守る」と言うことが必要なので、それはそれで私も言うのですが、元の意味を忘れてしまっている人が多いのが現実です。

それだけではありません。この数年間、市民運動・平和運動の現場で話をしていると、書き換えさせないという意味で「9条を守る」と言う人の中には「9条を実現しろという主張は言ってはいけない。それは運動の足並みを乱すものだ」とまで言う人がいます。「9条を書き換えさせない」という直面する喫緊の課題で、みんな足並みを揃えるべきである。従って、自衛隊反対とか日米安保条約反対ということは言ってはいけない。現に私は何人もの方から言われました。平和運動や護憲運動の中に、「9条を実現しろ」と言ってはいけないと明言する方が何人もいます。明らかに倒錯しています。9条を書き換えさせない、「9条を守る」——とても大切なので、それは私も一緒に唱えるのですが、本来の「9条を守る」という言葉を抑圧するのはどういうことなんだろう。とても気になる訳です。別に対立して論争するつもりはないので、「いろんな言葉の使い方がありますね」と言うにとどめていますが、もともと「憲法を守る」とか「法律を守る」という言葉の意味から言って「9条を守る」は「書いてある通りにしろ」という運動でなければいけないのです。残念ながら、客観的な情勢の中で、そうではなくなっています。ただ、元の意味を忘れてはいけないので、時折注意しておかなければいけない。しばしば、そういう場面で口にしてきました。

もう一つ、「9条を生かす／活かす」という言葉があります。これも使われてきた方いらっしゃるかと思います。私もよく使ってきたのですが、ただ何をしたら9条を生かしたことになるのかがよくわからない、とおっしゃる方もたくさんいます。

「9条を生かす／活かす」と言っても、自分は護憲集会に参加したり、9条擁護の署名をしたり、

９条の缶バッチ作ったり、それを販売したり、それくらいのことしかできない。他に何をやったら９条を生かしたことになるのか知りたい、と聞かれることがあります。どういうことなんだろうと悩んで、「権利としての平和」と繋げて考えてみました。「権利としての平和」の意味は後で説明しますが、「権利」であれば、権利の担い手は誰かという問題が出てきます。「私の権利」という話になります。平和の権利は私の権利であるとなれば、私はどのように権利行使をするのか、という話になります。私の権利行使ということで考えてみると、選挙で票を投じるのも、署名をするのも、９条缶バッチを作るのも、あるいは９条ネクタイや９条スプーンをつくるのも、全部それぞれの私の権利行使であり、私の表現だと位置づけることができます。憲法13条の人格権の行使ですし、憲法21条の表現の自由の行使です。

個人の権利としての平和

「権利としての平和」と言えば、「国家の平和」や「国家による平和」とは区別されます。９条だけですと、９条というのはそもそも国民が国家に対して差し向けた一定の命令文書です。こういう風に政治をやってくださいという文書ですが、形式上の主語は国家になります。９条も直接の名宛人は国家です。もちろん、国民主権ということが絡んでくるんですが、９条は、国家が戦争を放棄する、国家が陸海空軍その他一切の戦力を保持しない、そして国家の交戦権は認めない。すべて国家の問題という形式です。それを国民が指図した形になっているのが、9条です。それはそれで重要なので、これからも、9条を全然守っていない日本政府に対して、ともかく9条の縛りをかけることが必要です。ただ、それだけだと結局、国家が9条を守らずにもう60年もの歴史を刻んでいるため、既成事実化して、世界有数の軍事力を保有して、なおかつ日本列島に米軍がいる。斎藤貴男（ジャーナリスト）の表現では「日米合同軍は世界最強の軍隊である」。日本列島には世界最強の軍隊がいるんだと、仰っていました。私もこの言葉をよく使わせてもらうのですが、戦争放棄の9条を持っている日本に世界最強の軍隊が常駐している。この問題をどう見るのか、私たちの権利としての平和というレベルでもう一度考え直す必要があるのではないか。

平和的生存権

私たちはもともと平和的生存権と言ってきました。憲法前文の平和的生存権です。ですから、権利としての平和と言えば、皆さんは平和的生存権という言葉をご存知なので、別に何も新しいことを言っていない、当たり前ではないかと思われるかもしれません。ところが、なかなか当たり前ではなくて、憲法学でも長いことほとんど空白状態でしたし、国際的にはそういうことはあまり言われてこなかった。それをもっと積極的に打ち出すべきだというのが今日の主題です。

私も10年来こういうことを考えてきて、その間に9条の会や9条連や、いろんな憲法運動の方たちと対話してきました。２００８年には「9条世界会議」で、9条を使って世界に平和の運動を巻き起こそうと提起があり、その取り組みに私も準備段階から参加しました。そういうことを考える中で、権利としての平和の担い手としてのピース・ゾーンの思想ということを考えています（9条世界会議実行委員会『9条世界会議の記録』大月書店）。

9条とだけ言えば国家の規範になりますが、「権利としての平和」と考えると、個人の権利――これが出発点になります。なおかつ、後で触れる平和への権利は「人民の平和への権利」とも言われます。これは国連人権理事会でいろいろと議論をしている最中なのでまだ確定したわけではありませんが、現段階の議論としては人民の平和への権利と言っています。これに猛烈に反対しているのがアメリカと日本なんですが、多数の国は賛成し、人権理事会で決議が通り、さらに議論を深めることになっています。人民の権利となれば、個人ではなくて、いわば団体の権利です。あるいは社会・国家に関わるレベルになってきます。

元をただすと日本国憲法前文の平和的生存権の規定では、主語は「全世界の国民」になっています。日本国憲法前文では「全世界の国民が、ひとしく恐怖と欠乏から免れ、平和のうちに生存する権利を有することを確認する」となっています。主語が「全世界の国民」です。とても変な憲法です。日本国憲法なのに、勝手に全世界の国民が権利を持ってると言っているわけです。とても変です。だけど、そういう表現が既になされている以上、それを元に考えれば、全世界の全ての国民、全ての個人、人民、それらが持っているはずの平和的生存権をきちんと考えた理論を組み立てなければいけない。しかしそれをやってこなかったわけです。

憲法教科書の9条や平和的生存権の記述を見ても、「日本国民の平和的生存権」の話なんですね。もっとも、例えば山内敏弘（一橋大学名誉教授、龍谷大学教授）の本を読むと、平和的生存権の主体は全世界の国民であると、きちんと書いて、理論展開されています（山内敏弘『平和憲法の理論』日本評論社）。でも、そういうのは必ずしも多くなかったんですね。日本の中で日本国憲法の解釈をしていますから、勢い日本国民の平和的生存権になります。裁判でも、例えば1991年の湾岸戦争の時とか、カンボジアに自衛隊をPKO派遣した時とか、市民平和訴訟と言っていろいろ裁判をやりましたけど、平和的生存権と言っているのですが、いつの間にか日本国民の平和的生存権になっていたし、なりかねない。しかし、世界の状況を繋げて考えなければいけない。そう考えると、個人・社会・国家・国際関係のレベル――いろんなレベルで「権利としての平和」、あるいはピース・ゾーンをつくる権利を再考するべきではないかと思います。

個人レベルでの９条

「歌う９条」と呼んでいるのですが、９条の歌を歌っている人がたくさんいます。

札幌に、いなむら一志という素敵なミュージシャンがいます。北海道では有名なミュージシャンで、長い音楽歴がありますが、彼は「Kempo No.9（日本国憲法第９条）」という歌を歌っています。９条の条文をそのままロックにした歌です。上田文雄（弁護士、現在札幌市長）から相談を受けて、９条をロックで歌おうとロックバージョンで作曲して歌っています。とてもいい曲なので私はよく紹介するんですが、いなむら一志は、権利の主体として９条の歌を歌っているわけです。戦争放棄を歌い上げる部分は完璧です。権利としての平和の担い手として社会にアピールしている。それが、私の言う「９条を生きる」ということです。

ご存知ジュリーこと沢田研二が２００８年に「我が窮状」という歌を発表して話題になりました。元スーパーアイドルですから、政治的なことは喋ってこなかったのですが、その沢田研二が「60歳になったのでちょっと言いたいことを言ってもいいよね」と言いながら、９条の歌を歌いました。歌詞の中には「英霊」という言葉も出てきて、それは嫌だとおっしゃる方もいるんですが、しかし、９条を大事にしようという想いを歌っていることには違いないんです。「我が窮状」をみんなで歌おうというグループもあります。

そのジュリーが２０１２年に出したのが東日本大震災の歌です。「３月８日の雲」という、地震と津波と原発事故の歌です。原発事故については「F・A・P・P」という歌も歌っています。フクシマ・アトミック・パワー・プラントで、歌詞の中に「バイバイ原発」と入っています。そういうものもやはり注目すべきでしょう。

「我が窮状」と同じ２００８年に、アジアン・カンフー・ジェネレーションという若者に人気のロックバンド――通称アジカンと言いますが、アジカンが「No・9」という歌を歌っています。直接憲法とは言っていませんけども、歌詞を見ると明らかに憲法９条のことを歌っています。もう一つ「惑星」という歌がありますが、これは日米安保条約批判の歌です。政治的なことなど歌ってこなかったアジカンが、実は日米同盟批判と憲法９条をさりげなく歌っているんです。学生に聞いてもらうと、アジカンのファンの学生が「いつも聞いているけど、憲法９条とは知らなかった」なんて言っていました。でも、歌詞を読めばわかります。私の授業ではＤＶＤ『ASIAN KUNG-FU GENERATION 映像作品集5巻』を使っています。

９条グッズ

調べると、各地でいろんな方がさまざまな９条グッズをつくっています。缶バッチ、ネクタイ、ハンカチ、あるいは風呂敷――風呂敷に30ヶ国語くらいいろんな言葉で9条を印刷して、世界に輸出しようと頑張っている方とか、いろんな方がいます。京都ではマグカップの9条というのがあって、熱湯を入れると黒い文字で9条の条文が浮かび上がってくる9条マグカップを作っている方もいます。長野県岡谷市では毎年お正月に9条凧、凧揚げ大会をやっています。

本当に膨大な9条グッズがあります。これは何の意味があるかというと、もちろんそれを販売して運動資金にするのですが、それ以上に一人ひとりの市民が自分の思いを込めて9条グッズをつくる。それを人に見てもらい、宣伝し、販売する。その時に9条をめぐる会話が成り立つ。市民と市民が9条についてどういう形で会話を可能とするのか。その点で、9条グッズはいろんな意味を持ちうるので、それが私の言う「9条を生きる」ということに繋がります。9条の対話をすることで、一人ひとりが9条を生きているわけです。

呑む9条

「呑む9条」もあります。9条酒というのは2つあるんですけど、ひとつは京都の佐々木酒造が9条酒を造っています。もうひとつが高知県香美市の土佐山田、そこにある松尾酒造も9条酒を造っています。一度、土佐山田まで行って取材してきたんですが、そこの社長さんは酒蔵の7

代目ですが、大学は名古屋大学法学部に通ったそうです。名古屋大学法学部というとご存知の方いらっしゃるでしょうけれど、日本を代表する憲法学者の長谷川正安（名古屋大学名誉教授）がいらしたところです。私も講演を聞いたり、大学院時代には著作を何冊も熱心に読みました。その先生のところで勉強した方が9条酒を造っています。「香美市9条の会」の人たちが、そのお酒でお花見をしたりしています。9条を広めようということで、京都でも土佐でも、それぞれの想いで努力をされています。

お酒を呑んで9条だなんてふざけている、と思われるかもしれません。そんなことに意味があるのかと。でも、いろんな意味があります。人は日常生活でいきなり他者と向き合って9条の話をできるわけではありません。9条に確信を持ち、9条を愉しみながら、対話をするためのひとつのツールと考えることができます。そういうものをもっと情報を横に流しながら、みんなで9条グッズを考えて行きたいものです。暮しの中に9条を、です。

9条酒を造っている高知・松尾酒造

社会のレベル

権利としての平和を社会のレベルで考えると、抵抗権とか市民的不服従とか、非国民とか、そういう話が従来中心になってきました。とりわけこの間、日の丸・君が代の強制問題で市民的不服従ということが浮上してきています。私は八王子市民ですが、八王子には根津公子と河原井純子というお二人がいます。日の丸・君が代不起立で処分されて、良心をかけて闘ってきたお二人です。そこでは市民的不服従をいかに貫くのかという形で議論をしてきました（根津公子『希望は生徒』影書房、河原井純子『雑木林の決意』白澤社）。

なかなか難しいのは、市民的不服従だといって権利行使で闘うのは結構しんどいことなんです。みんながすぐできるとは限りません。根津公子は、みんながちゃんと闘えばできるんだ、それを闘わないから問題なんだと指摘しています。その通りです。闘わない歴史が続いてしまうと、大勢に押し流されて、闘う人が孤立してしまうという残念な状況になってきています。本当は市民的不服従、あるいは私は「非国民の思想」と言ってきたのですが、それで闘うべきと言っても、みんな必ずしも闘いきれない状況があります。抱えている条件が違うので、なかなか難しい。そうであれば、闘うということよりも、９条グッズと繋げて、いろんな取り組み方があって、それぞれの人の「私の権利としての平和」を考えて行く方がいいかもしれません。

ピース・ゾーンの実践

次に、社会のレベルで、ピース・ゾーンを考えてみます。無防備地域運動、オーランド諸島、ジュネーヴの３つを例にします。

無防備地域というのは、国際慣習法と、１９７７年のジュネーブ諸条約追加第一議定書という条約に基づいています。第一議定書59条に無防備地域の宣言が規定されています。国家と国家がやむを得ず戦争になった場合でも、一定の地域は非暴力・非武装とするという設定がなされて、ここには軍隊・軍事施設がありません、軍人もいません、だからここは攻撃しないでくださいという設定ができるのです。もちろん、いろんな条件があります。軍事施設がない、敵対行為をしていない場所は、無防備地域にすることができます。赤十字国際委員会が出した註釈書を見ると、古くからヨーロッパでも中国でも、そういう考え方があったので、それが今日の条約にまとまっていると書かれています。もともと戦争は第二次大戦のような総力戦ではなかったので、昔の考え方で言うと、軍隊と軍隊が交戦して、速やかに敵軍を破壊して、外交交渉で取るべきものを取る。これが戦争な訳です。現代では総力戦になって、場合によっては極端な殲滅戦なども行なわれますが、近代の戦争はそうではないわけで、軍事目標主義という考え方をとるわけです。つまり、軍隊は軍隊を攻撃する。軍事目標を攻撃する。それ以外のものは攻撃しない。これが戦時における国際法の基本的な考え方だったわけです。その延長で、まず無防備地域、それから非武装地帯をつくる。それから教育施設や宗教施設を攻撃しない。赤十字などの医療関係者を攻撃しない。当然、病院も攻撃しない。そういう様々なルールが作られて、民間人攻撃をしてはいけないとか、無差別爆撃をしてはいけないという原則になります。その一環としての無防備地域宣言です（林茂夫『戦争不参加宣言』日本評論社、『無防備地域運動の源流』日本評論社）。

これを普段からやりましょうというのが、日本の無防備地域運動です。いざ戦争になってから無防備地域だと言っても遅いので、普段から「私の町には軍隊はいらない」。「日本国家に憲法9条があるのなら私の町にも9条がほしい」。「私の町で軍事活動をしないで下さい」。「私の町の予算は平和行政、平和教育に使ってください」。

そういうことを唱える運動として無防備地域宣言運動を考えて、この間、取り組んでいます（『戦争をなくす！　あなたの町から無防備地域宣言を』無防備地域宣言運動全国ネットワーク、池上洋通・澤野義一・前田朗『無防備地域宣言で憲法9条のまちをつくる』自治体研究社、あきもとゆみこ『まんが無防備マンが行く！』同時代

無防備地域宣言運動の集会

社)。2004年に、大阪で始まりましたので関西が多いのですが、首都圏で言うと荒川区、品川区、目黒区、国立市、立川市（東京都）とか、川崎市、小田原市（神奈川県)、あるいは市川市（千葉県）など、各地で運動を展開しました。自治体に無防備平和条例を作ってください。平和条例を作って、わが町には軍隊がありません、無防備地域です、そういう宣言をしてくださいという運動です。残念ながらまだ実現していません。9条の下で国家には軍隊がないはずなので、当然どの町にも軍隊がないはずですが、現実は全く違っているものですから、話はそう簡単ではなく、条例はできていません。ただいろんな可能性を追求しているところです（『無防備平和条例は可能だ』無防備地域宣言運動全国ネットワーク、谷百合子編『無防備平和』高文研、『爽やかな平和の風にのって』尼崎市に無防備平和条例をめざす会)。

脱原発条例運動

他方、このところ脱原発条例制定運動が起きています。

3・11以後、最初に動いたのは上士幌町（北海道）の住民です。全国的には報道されなかったため、あまり知られていませんが、無防備地域宣言運動と同じ形式の条例制定要求運動です。2011年10月19日、住民は「北海道河東郡上士幌町条例制定請求書」を提出して、「上士幌町原発いらないまちづくり条例」制定要求運動を開始しました。

請求の趣旨は、「福島原発事故により既存の原発の安全性は完全に崩れ、福島原発では未だに放射性物質の拡散を止めることができない状況で、最終的な収束までは何十年もかかるといわれています」と始まり、「上士幌町の豊かな大地は、ここで暮らす住民全てにとって、なにものにも代え難い貴重な財産であり、これからもここで暮らし続ける子供たちに守り残していくべきものです。今回福島第一原発の事故では、人にも大地にも取り返しのつかない被害を与えていますが、北海道でも泊原発で大きな事故が起きた場合、住民への健康被害はもちろんのこと、基幹産業である農林漁業や観光にも甚大な影響を及ぼすことになります。そしてそれは、上士幌町に暮らす私たちにとっても決して他人事ではありません。風向きによっては私たちの頭上に放射性物質が降り注ぎ、長期間にわたって放射能汚染の恐怖に怯えながら暮らしていくことになるのです」と訴えます。

住民の命と暮らし、地域の安全と環境を自分たちで守ろうという意思表示です。直接請求に必要な署名を集めましたが、町議会はこれを否決してしまいました。

同様に、東京都、大阪市、新潟県などの住民が、脱原発を求める条例制定運動を展開しています。地域で平和と安全を守る取り組みを住民自身が行なう必要のあることが徐々に理解されるようになってきました。

無防備平和条例も脱原発条例も、自治体住民の創意工夫によって多様な展開をしています。住民自治や住民主権とは何かを追求する動きが広がっています。条例案は、議会で否決されていますが、論理的な反対意見ではなく、多数の力で否決しているだけなので、住民は一層確信を深めて、次の取り組みを模索しています。理論的研究も次々と登場しています（澤野義一『入門平和をめざす無防備地域宣言』現代人文社、同『平和憲法と永世中立』法律文化社、河上暁弘『平和と市民自治の憲法理論』敬文堂）。

平和の島オーランド

では、ピース・ゾーンなんて本当にできるのでしょうか。

かつて世界にはピース・ゾーン、非武装地帯がいくつもありました。ただ、多くの場合は短期間の非武装地帯です。19～20世紀に50を超えるピース・ゾーンがつくられましたが、ほとんどなくなりました。現在もあるのは、例えばギリシャとトルコの領土紛争の中でいくつかの島が非武装地帯になっています。あるいは旧ユーゴ崩壊過程でクロアチアと周辺地域の間が非武装地帯に設定されています。歴史的にいくつかできたのですが、一定期間経ったら終わるという形のものが多いです。

長期間継続しているピース・ゾーンが、オーランド諸島です。スウェーデンとフィンランドの間、バルト海とボスニア湾の間に浮かんでいるアーキペラーゴの島々です。領土としてはフィンランド領です。ここは1921年から非武装のピース・ゾーンになって、現在も続いています。

元々住んでいる人たちは、スウェーデン語を話すスウェーデン系の人たちです。ストックホルムのすぐ沖合ですから、スウェーデン系の人たちが住んでいます。ところが、領土も国籍もフィンランドです。当時、スウェーデン政府は、スウェーデン語を話すスウェーデン人が住んでいるからスウェーデンにしたい。住民もスウェーデンに入りたい。しかし、フィンランドとしても領土を手放すつもりはありません。

国際紛争となります。なぜなら、バルト海とボスニア湾の間で、軍事的に重要だったからです。かつて、ロシアはここに軍事基地を建設しています。バルト海を制するための拠点の一つです。

この問題は当時組織されたばかりの国際連盟に持ち込まれました。担当した責任者が新渡戸稲造です。国際連盟事務次長になっていた新渡戸稲造が仲裁します。一般にはあまり知られていませんけれど、新渡戸稲造研究者たちはよく知っている話です。新渡戸は原敬首相と電報のやり取りをしながら、この問題を解決して行くのですが、その中で浮上してきたのは「オーランドはフィンランドであり、領土は変えない。しかし、住民自治を認める。そして、オーランドを非武装地帯とする」という案でした。

当時は、人民の自決権が強調された時代です。レーニンやウィルソンがそれぞれ主張していました。しかし、確定している領土を変えることはよくないので、変えない。もし、ここにフィンランドが軍事基地を設置したら、ストックホルムの目の前ですからスウェーデンは困ります。もしロシアがフィンランドに押し売りして、ロシア軍基地をつくっても困ります。それは止めてもらわなければならない。だからオーランド諸島には軍隊を入れてはいけない。軍事基地を作ってはいけない。ロシア軍だけではなくて、フィンランド領なのにフィンランド軍が入ってはいけないと決めました。それと同時に自治権です。住民の自治を強く認める。スウェーデン語を喋るスウェーデン系の人たちがフィンランド人として生きて行くので、スウェーデン語の教育、文化を守るための自治を保証しましょうとなります。これが国際連盟の裁定で決まり、後に周辺諸国と条約で取り結びます。フィンランド、スウェーデン、バルト3国、のちのソ連、ポーランド、それからフランスやイギリスも承認するという形で、それぞれ個別の条約を結んで、周辺諸国がみんな承認しました。それ以来、ここには軍隊がいない。

重要なのはその次です。国際連盟裁定をオーランドの人たちが活用するということが起きます。軍隊のない地域というのは、単に軍隊がないことに意味があるわけではなくて、我が地域には軍隊はありません。私たちはここで平和の文化をつくり、平和教育をやり、平和研究所をつくり、世界に向かって平和の思想を発信する。そういう風になります。条約をいくらつくっても、守る意思が強固でないとどうなるかはわかりません。オーランド諸島の人々は、1921年以来、「非武装・中立・自治」を掲げて活動しました。オーランドの首都マリエハムンに平和研究所がつくられています。オーランド政府と平和研究所は国連に出かけて行って平和セミナーを開催します。「紛争解決モデル」を研究します。国家じゃないのに、一自治体のオーランドがそうした努力を続けています。もちろん、フィンランド政府の許可を得てのことですが、オーランド自治体政府が国連に乗り込んで平和セミナーを開催します。非武装・中立・自治は、今やオーランドのアイデンティティだと言われます。オーランド政府の文書に「非武装でなければオーランドではない」といったことが書いてあります。私も2008年に行って調査してきましたが、とても素敵な島です。

人権の都ジュネーヴ

次にジュネーヴ（スイス）です。

ジュネーヴは国際人権法の都です。国連本部はニューヨークにありますが、国連欧州本部がジュネーヴに置かれ、ここで国連人権理事会が開催されます。以前は国連人権委員会でしたが、今は安保理事会と同じレベルの理事会になっています。人権理事会の下部機関として専門家による諮問委員会も開催されます。

また、国連人権高等弁務官事務所（UNHCHR）と難民高等弁務官事務所（UNHCR）が置かれています。人権高等弁務官事務所では、国際人権規約（自由権規約、社会権規約）に関する条約委員会（自由権委員会、社会権委員会）、そして人種差別撤廃委員会（CERD）、子どもの権利委員会（CRC）、拷問禁止委員会（CAT）が開催されます。

さらに、世界保健機関（WHO）、国際労働機関（ILO）、赤十字国際委員会本部（ICRC）などの国際機関もジュネーヴにあります。

この意味で、ジュネーヴは国際人権法の都です。人口18万人、周辺町村を含めても僅か30万人の小さな町ですが、国際ニュースの重

ジュネーヴの国連欧州本部正門

要発信源です。1000万都市である東京発のニュースより、ジュネーヴ発のニュースの方が多いかもしれません。

こうした町ですから、国際的に見て一種のピース・ゾーンということが言えます。どの国の軍隊もジュネーヴを攻撃する理由がありません。

スイスの永世中立とは違います。スイス、オーストリア、コスタリカなどは永世中立国として国際的承認を受けていますが、永世中立とは他の諸国間の紛争に介入しないという意味であり、軍隊を持たないという意味ではありません。スイスとオーストリアは国防軍を備えています。コスタリカは軍隊を持たない憲法12条で有名ですが、永世中立は憲法ではなく、大統領宣言で決められました。

ジュネーヴ州憲法改正の動き

ジュネーヴで、もうひとつのピース・ゾーンの動きがあります。

スイスの平和運動家クリストフ・バルビー（軍縮を求める協会コーディネータ、「軍隊のないスイス」運動メンバー）らが取り組んでいます。「軍隊のないスイス」という運動は、1980年代に軍隊廃止の国民運動をやろうということで取り組んで、国民投票で35％ほど取ったのですが、過半数には及ばなかったので今もスイス軍があります。ただ、国民投票で軍隊廃止が35%というのは、当時ヨーロッパ各国に衝撃を与えた数字です（伊藤成彦『軍隊のない世界へ』社会評論社）。

バルビーは2度の来日経験があります。最初は２００５年です。横浜や京都で無防備地域運動に取り組む市民に講演してもらいました。２００８年の「9条世界会議」の時にも来てもらいました。もともと、バルビーは「軍隊のない国家」を調査して、世界に27ヶ国あると主張していました。彼に教わって、私が27ヶ国を訪問・調査して1冊本を出しました。

バルビーは無防備地域宣言運動を知って、「スイスでも同じ取り組みができないか考えてみる」と言っていました。その延長で彼が取り組んでいるのがジュネーヴ憲法改正提案です。スイス連邦憲法ではなく、一地方自治体のジュネーヴ州憲法です。

ジュネーヴ憲法は古くて１８４８年の憲法だそうです。２００８年から憲法見直し作業が始まり、憲法制定会議がつくられました。そこに市民がいろいろな提案をできるということで、平和運動グループが乗り込んで、平和への権利を入れようと提案をしています。その提案を書いたのがバルビーです。彼はジュネーヴ市民ではなく、フレンドルという町の市民ですが、ジュネーヴに出かけて、ジュネーヴ市民と一緒にやっています。彼は平和活動家として知られているので、ジュネーヴの平和団体も彼に書いてくれと頼んできたので、提案書を書いたそうです。

憲法改正提案57号です。前文で「平和と安全に基づく人道の将来」、それを「発展」と「個人の尊厳」に繋げています。２番として「全ての人間は平和のうちに生存し、暴力と恐怖から自由である」と書いてあります。日本国憲法前文と似ています。少し表現が違いますけれども、日本国憲法前文の世界です。３番目に政府の役割として、⑴平和と人権の教育、⑵非暴力、実力の行使、⑶紛争予防、⑷国際連帯、⑸社会、そして、⑹人間の安全保障となっています。

こういう形で平和の権利をジュネーヴ州憲法に入れることを求めています。スイス国家は軍隊を持っています。ジュネーヴ州は軍隊を持っていませんので、軍隊をなくせと書く必要はないわけです。もともと州は持っていませんから。ここで問題となるのは、外交にかかわる問題をどこまで入れられるかということです。

提案について、バルビーが書いた註釈があります。「平和を人権にする」という言葉で始まっています。世界人権宣言28条、欧州人権条約５条、国際自由権規約９条の安全の権利を引用して、安全の権利の中には当然平和の権利が入るはずだと述べています。その上で「ルアルカ宣言」に触れています。ルアルカ宣言とは、後で触れる国連平和への権利宣言作りを求めるＮＧＯによる宣言です。

ジュネーブ州はスイスの一地方、カントンです。私もカントンという言葉はずいぶん久々に聞きましたが、スイスの直接民主主義の単位としてのカントンを習った方もいるかと思います。

外交権は持っていません。

しかし、スイスのカントンは従来外交に関わることをいろいろとやってきた。国際紛争の予防、貧困の撲滅、自然環境の保護も、一国レベルだけではなく、地方からも国際的な取り組みをやってきた。いろんな形で従来やってきたのだから、この問題も当然できるという説明の仕方を、バルビーはしています。

バルビーは、ジュネーヴで平和への権利を議論することに大きな意味があると強調しています。なぜジュネーヴでやることに意味があるのか、どこの町だって同じじゃないか。どこの町でもやればいいわけですが、とりわけジュネーヴでやることに意味があります。それは後で触れる国連平和への権利宣言との関係です。

川崎市で講演するバルビー

軍隊のない国家27

バルビーは、インターネットや文献で調べて「世界には軍隊のない国が27ある」と主張しています。私は2005年に初めて彼と会って、教わったのですが、その話をしている時に「現地調査が必要だ。それぞれの国についてもう少し調べなければいけない」という話になりました。そのうちの多くが太平洋にあることもあって、日本から近いので、私は2005年8月から軍隊のない国巡りをしました（前田朗『軍隊のない国家』日本評論社）。

2005年8月、一番最初にリヒテンシュタインに行きました。スイスの隣にある小さな金融産業と精密機械工業の国です。それからイタリアの中にあるサンマリノ、フランスとスペインの間の無税の国アンドラ、地中海に面したモナコ、世界一北にある白夜とオーロラの国アイスランドに行きました。

その後、太平洋諸国にも行きました。元日本領であった南洋群島――ここにパラオ共和国、ミクロネシア連邦、マーシャル諸島があります。それから赤道直下にリンの産地として知られたナウルと、海に沈み始めたといわれるキリバス共和国があります。さらに、メラネシアにはソロモン諸島とヴァヌアツ共和国があります。トゥヴァルも海に沈み始めて、やがてなくなるかもしれないと言われる国家です。ポリネシアにはクック諸島とニウエといった国があります。サモア独立国も軍隊を持っていません。

さらにインド洋にモルディブとモーリシャスがあります。モーリシャスは国境警備隊が強化されていて軍隊に近いところがあるのですが、一応軍隊ではないことになっていました。

次にカリブ海地域があります。西インド諸島地域ですが、元イギリスの植民地であったドミニカ国、グレナダ、セントルシア、セントビンセント・グレナディーン、それからセントクリストファー・ネイビス——この5つの国が軍隊を持っていません。それから一番有名なのは中米のコスタリカ共和国です（伊藤千尋『活憲の時代——コスタリカから9条へ』シネフロント社、足立力也『平和ってなんだろう——軍隊をすてた国コスタリカから考える』岩波書店）。その南のパナマも軍隊を持っていません（吉岡逸夫『平和憲法を持つ三つの国——パナマ・コスタリカ・日本』明石書店）。

私はリヒテンシュタインから26ヶ国をまわって一番最後にコスタリカに行きました。最初からそういう順番を考えて、「双六」で言えば「あがりだ！」とか言って、最後にコスタリカに行きました。

そういう国々を紹介して日本で一時期議論をしていたのですが、いろんな特徴があります。もちろんまずは弱小、小さい国家で経済力がない。だから軍隊がない。そして、地政学的にいうと諸外国から狙われるような場所にない。ヨーロッパの国は別として、周辺諸国から攻撃されない。そういう心配がない。それからアメリカが狙うような特別な資源がない。いろんな条件の下で軍隊なしでやっています。

軍隊をなくした経過としては、例えばパナマとグレナダは日本と一緒です。米軍に叩き潰されて軍隊がなくなった。パナマ侵攻を覚えているでしょうか。1989年頃ですが、ノリエガ将軍の時に米軍が乗り込んで、パナマ人3000人を殺して、軍隊を潰したわけです。それ以来、軍隊がなくて、1994年のパナマ憲法で軍隊を持たないと決めました。他方、グレナダは、もっと前にグレナダ侵攻というのがありました。レーガン政権の時にグレナダの社会主義政権を倒して、軍隊も潰したわけです。ですから日本と一緒です。米軍に潰されたので軍隊がない。これがグレナダとパナマですが、日本と違うのは、その後も再軍備していないことです。

それから、内戦その他で軍隊が自国民を殺してしまった。だから軍隊を廃止した。これがドミニカとコスタリカです。この2ヶ国はそういう経験に基づいて軍隊を廃止しました。それから、国ができた時から軍隊がなかったセントルシアとかミクロネシアとか、そういう国々があります。

もうひとつは、いわば保護国の関係です。守ってくれる国があるので自分のところは軍隊がいらない。これは本当に軍隊がないことになるのかという話はありますが、一応守ってくれる国がある。必ずしも厳密ではありませんが、一般に言われるのは、例えばモナコはフランスとの関係があって、軍隊が必要ない。クック諸島はニュージーランド、マーシャル諸島やミクロネシアはアメリカという関係になります。

いろんな理由から軍隊なしでやっていられる。ただ重要なのは軍隊がないことではなくて、それで何をしているかです。我が国には軍隊がない――その状況が続いている国では何が起きているかです。まず簡単な話ですが、若者たちが人殺しの訓練をする必要はありません。軍事訓練がない。軍事訓練がないということは、学校教育で軍事教育をする必要がないということです。通常、国軍を持っている国は義務教育の段階で国防教育をやらないといけないんです。徴兵制が有る無しに関わらず、いざとなったら若者に軍隊に入ってもらわなければならない。国民に対して一定程度の初歩知識を与える必要があります。ですから、多くの国は軍事教育をします。しかし、軍隊のない国は軍事教育をする必要がない。むしろ、平和的にどうやって安全を維持するのか、どうやって友好的な外交をするのか、それが課題になってきます。周辺諸国との平和的友好的な関係を取り結ぶための議論をします。

従ってコスタリカが一番有名なように、平和教育を行ない

コスタリカの顔と言われる国立劇場

ます。平和のために何ができるか。コスタリカが重要なのは単に軍隊を持っていないことではなくて、平和教育を行なうことと、平和外交で積極的平和外交を行なう、これが重要なわけです。積極的平和主義の外交が重要なのです。これは先ほどのオーランド諸島もそうです。ジュネーヴもそうです。軍隊のないルクセンブルクも、ほとんど都市国家というべき小国で、ＥＵ関連施設がたくさんあります。軍隊のある国でも、ストラスブール（フランス）にはＥＵや欧州人権裁判所など、ハーグ（オランダ）には国際司法裁判所と国際刑事裁判所があります。国際人権法・人道法や国際平和機関というべき施設のある都市は、まさにピース・ゾーンになります。平和外交にストレートに結びついている自治体です。

国連改革を振り返る

先ほどから触れてきた国連平和への権利宣言作りに入ります。現在、国連人権理事会で平和への権利宣言を作ろうという審議が行なわれています。国連憲章ができた時に、経済社会理事会の中に人権委員会が作られました。50数年間、人権委員会でした。ところが２００５年の国連改革によって改組されて人権理事会に変わりました。

余談になりますが、２００５~06年の国連改革を覚えてらっしゃるでしょうか。みなさん、もう忘れているかもしれません。外務省や国会議員は決して口にしたくない悪夢の思い出です。そんな時代もあったのかと思うかもしれませんが、小泉純一郎政権の最後の時期です。外務省は何をやったかというと、日本が安保理事会の常任理事国になりたいと、一所懸命、根回しをして、もの凄いお金をばらまいたわけです。とんでもない税金が費やされました。各国にばらまいて、外務省は「過半数の賛成を取れる」と言ったわけです。各国を説得するために、湯水のごとくお金をばらまいたので、賛成と言ってくれる国が多数ある。それに騙されて小泉首相がニューヨークに飛んで行って、国連総会で「安保理事会常任理事国になりたい」と発言しました。一国の首相が公式に立候補宣言をしたわけです。外務省に騙されたのですね。

当時、私は「日本は絶対に常任理事国になれない」と断言していました。当然、なれませんでした。なれるはずがない。外務省は何を血迷ったのか、なれると判断したのです。まともではありません。なぜなれないかというと、中国と韓国が反対するからです。そんな状況で常任理事国になれるはずがありません。あの時期は尖閣諸島がどうだ、竹島がどうだと、日本は中国や韓国に喧嘩を売っていました。おまけに小泉首相の靖国神社参拝問題です。そんなことをしていて、どうして諸外国の賛成を得られるでしょうか。まず常任理事国である中国が反対しないことが重要です。「日本が常任理事国になることについて中国は反対しませんよ」というメッセージを出してもらわないと、あり得ないことなんです。誰が考えてもわかることですね。もうひとつは韓国です。世界から見て常識です。韓国が「日本が常任理事国になることに賛成です」と言っていれば話が進みやすいわけです。「韓国も賛成しているんだ。ならばいいね」となります。そういうことなら説得材料に使えます。ところが、日本が喧嘩を売っていましたから、韓国は公式には反対と言っていませんが、外交筋は「いかがなものか」と匂わせていたのです。ですから、なれません。

そもそも、日本は「国連の敵」だったのです。国連憲章107条の「第二次世界大戦中にこの憲章の署名国の敵であった国」という言葉は、ドイツや日本を指しています。今では多額の国連分担金を支払っているとはいえ、元は敵国です。お金さえ出せば常任理事国になれると考えた浅薄極まりない外交官のために、日本はまともな判断力も外交能力もないことを世界中にさらけ出したわけです。

そういう国連改革でしたが、実際に動いたのは安保理事会改革ではなくて、人権委員会改革です。人権委員会をやめて人権理事会を作りました。安保理事会や経済社会理事会と同じレベルに人権理事会というものを作った。2006年にその改革が動いて、2008年から人権理事会で本格的な議論が始まります。最初の時期は理事会の中のルールを作る作業をしていたのですが、2008年から本格的に議論が始まりました。そこに、スペイン国際人権法協会という民間団体NGOが中心となって、平和への権利を求める世界キャンペーンを展開しました。

世界キャンペーン

始まりは２００３年３月に本格化したイラク戦争です。戦争を止めるためにニューヨークでは50万人のデモがありました。ロンドンは１００万人のデモです。マドリードやバルセロナでも数10万人のデモをやりました。ヨーロッパ中で戦争反対の大デモ行進を一所懸命やったわけです。

それにも関わらず戦争を止めることができなかった。そのことを強く意識してスペインの人たちが平和への権利国連宣言を作りたいと提案を始めたわけです。中心はカルロス・ビヤン・デュランという方で、国連人権高等弁務官事務所で働いていたスペインの国際法の大学教授です。もう定年でリタイアされましたが、彼が中心になってスペインで議論をして、２００８年にルアルカという町で「人民の平和への権利宣言」を作ろうとルアルカ宣言をまとめました。その後、「ビルバオ宣言」とか、「バルセロナ宣言」を作って、２０１０年の暮れにサンティアゴ・デ・コンポステーラという巡礼の町で「サンティアゴ宣言」に至りました（笹本潤・前田朗編『平和への権利を世界へ』かもがわ出版、『平和は人権』反差別国際運動日本委員会）。

最初はスペインのグループが国連人権理事会でロビー活動を展開しました。そこにヨーロッパのグループが参加し、日本からも参加しました。スペイン語が中心だったので、ラテンアメリ力の団体もたくさん参加する、そういう形で動いて行きました。その事務局コーディネータとして世界を飛び歩いているのが、ダヴィド・フェルナンデス・プヤナという人です。彼はデュラン教授の弟子で、スペインで国際法を勉強し、イギリスのエセックス大学大学院で国際人権法を勉強しました。スペイン語、フランス語、英語が得意なので、すごいロビー活動をする人です。彼が世界中を飛び回って、いろんなNGOに連絡を取り、各国政府に要請行動をして、なんとかこれを取り上げてくれということでやってきました。

2008年、彼に会って、「日本のNGOだけど一緒にやりたい」と言って、それ以来一緒にやらせてもらってきています。初めて知った時に、思いました。私たちは世界で唯一平和的生存権という憲法を持っているわけです。非武装憲法は他にもありますが、世界で最も徹底した非武装の憲法9条を持っているわけです。そして9条世界会議もやってきました。平和への権利宣言運動を私たちがやらなければいけない。スペインのグループが始めてくれたので、喜んで一緒にやろうということで、加わってやってきました。いろんな団体が協力してジュネーヴで平和セミナーを開き、各国でもセミナーを開きます。2011年は、カルロス・ビヤン教授とダヴィド・フェルナンデスにに日本に来てもらい、名古屋、大阪、東京、沖縄でセミナーをやりました。世界中で平和への権利宣言の運動を広げながら、人権NGOに集まってもらって、ジュネーヴの国連人権理事会で審議をしてもらうためのロビー活動です。

２００８年の国連人権理事会で、この議論をしましょうという決議が通りました。まだ中身は決まっていなくて、平和への権利は重要なのでこれから国連で議論しようという決議です。２００９年にも同様の決議が通り、平和への権利について人権高等弁務官事務所で審議してくれという要請がなされました。２０１０年には、人権理事会の下の諮問委員会——専門家機関である諮問委員会で議論するようにという決議が通りました。

人権理事会は47ヶ国の政府が委員です。人権理事会はアメリカ、フランス、日本、中国、韓国とか、そういう国が一票持っている機関です。その下に専門家機関としての諮問委員会があります。憲法学者、国際法学者、あるいは外交官とか弁護士とか、そういう世界の人権専門家が集まっている機関です。政府に推薦された人たちなので保守的な人が多い印象ですけど、そういう専門機関で審議することになりました。人権理事会が専門家に委ねて、審議してくれと言ったわけです。

諮問委員会は、例年1～2月頃と、８月にジュネーブで開かれるので、ＮＧＯはそこに集まります。バルビー、フェルナンデス、笹本潤（弁護士）、そして私などが一所懸命発言するわけです。民間人にも発言させてくれる場所ですから、国連と協議資格を持っているＮＧＯなら発言できるので、私たちは分担して平和への権利について発言してきました。

私は憲法９条の話と２００８年４月のイラク自衛隊派遣違憲名古屋高裁判決を紹介しました。

それから先ほどの無防備地域宣言の話も、ピース・ゾーンをつくる権利ということで発言してきました。

２０１１年、諮問委員会が平和への権利宣言草案を作りました。人民の平和への権利に関する国連宣言草案です。起草したのは、ウォルフガング・ハインツというドイツの学者です。それを発表して、世界中から意見を出してくれと言いました。そのうえで、いろんな意見をふまえて書き直す。それを何度かやってきました。最初の頃にはピース・ゾーンの権利はなかったのですが、ピース・ゾーンの権利――国家は地域でピース・ゾーンを作る権利を尊重するようにという条項を入れてもらいました。笹本弁護士は、世界には非核地帯がたくさん出来ている。例えばラテンアメリカ非核地帯、南太平洋非核地帯、南アジア非核地帯、中央アジア非核地帯がある。しかし東北アジアにはない。これをつくりたいということで、非核地帯の条文を入れるべきだと発言して、その条文を入れてもらいました。

その草案審議を、２０１２年３月にもやりました。ＮＧＯが集まって決起集会をやって、それから人権理事会に乗り込んで、これを取り上げてくれと要請する活動をしました。それを踏まえてハインツ委員が最終草案をまとめました。２０１２年５月段階の最終草案です。それが２０１２年６月の国連人権理事会で審議されました。残念ながら、私は授業があるので行けなかったのですが、笹本弁護士がジュネーヴに行ってロビー活動しました（本書１７４頁）。

私たちの目標としては２０１２～２０１３年に、人権理事会で審議してもらって、それを採択してもらい、次に国連総会に持ち込んで、できれば２０１５年の国連総会に持っていこうと言っています。ですが、実は私はそれは容易ではないと思っています。なかなか難しいんです。

先ほど２００８～２０１０年の決議が通ったとお話ししました。この決議は賛成32～33前後、反対が12～13で通っています。人権理事会は47ヶ国ですから、議長をのぞくと46ヶ国です。つまり24が過半数です。32～33取れてますので、ビヤン教授は「これで行ける。これで通せばいいんだ」と仰っています。

反対国は、アメリカ、EU、日本でした。ところが、２０１１年、スペインが賛成に回りました。スペインは２０１０年まで反対だったんです。ところがスペインでNGOが一所懸命頑張りましたので、スペイン政府が態度を変えたんです。これでEUはまとまりません。ですから、反対は今後はアメリカ、フランス、イギリス、日本――こういう風になっていきます。他方、賛成は、ラテンアメリカ諸国、アフリカ諸国、そしてアジア諸国（日本と韓国を除く）が中心です。賛成の中にロシアと中国が入っています。ロシア、中国は一貫して賛成です。

しかし、ここからが問題なんです。今までは「平和への権利がとても重要なので、人権理事会で審議しましょう」という決議です。これにはロシアと中国も毎回賛成してきました。しかし、今度出るのはハインツ教授が書いた草案なんです。その草案には「大量破壊兵器の廃止」と書いてあります。ロシアや中国が賛成できるでしょうか。これは難しいのではないでしょうか。それから「劣化ウラン弾の廃止」や、「良心的兵役拒否の権利」も入っています。これになると他の政府でも、ちょっと待てという国が出てくるはずです。そういう意味で、中身の議論に入った時には、そう簡単には通らないかもしれません。

ただ、諮問委員会の宣言草案起草を受けて、2012年6月から、人権理事会本体で議論することになりましたので、その議論がどうなるのか、それと平行してジュネーヴ州の憲法の改正提案があります。それをやりながらバルビーたちはもう一度スイスで「軍隊のないスイス」運動を盛り上げたい。そういう話になっています。

つまり、大阪という地域から始めた無防備地域運動があり、それが日本各地に広がり、バルビーはそれを受けてジュネーヴ州憲法改正に動いたわけです。それと同じことを国連人権理事会レベルで平和への権利という議論としてやっているわけです。その議論を引き継いで、また日本で平和セミナーを開く。そういうことをやっています。

最初の話に戻すと、権利としての平和の担い手として、個人としての平和の権利と人民としての平和の権利――私たちは平和の権利の担い手である。では、その権利をどういう風に行使するのか。今やこれだけの情報化社会で、インターネットがあり、人々の移動が自由にできる。地域のことが国家のことになり、時には国際社会のことになる。ジュネーヴという遠い国際社会でやっていたことが、こちらの地域の問題に帰ってくる。それがどんどん動くようになっているわけです。それを繋ぐ中核に日本国憲法前文の平和的生存権を入れたい。国連で言っている平和への権利とともに、これを据えて考えた方が良いというのが私の考えです。

平和の権利と9条運動

何度も言うように、憲法改悪の危機なので9条を書き換えさせない「9条を守る」運動――これは大切ですので一所懸命やらないといけません。当然やるということを前提とした上で、その際に日本国家に対して戦争放棄、軍隊不保持、交戦権否認、これだけを言うのではなくて、「私たちが平和への権利の担い手だ、主権者・国民が平和への権利の主体なんだ」。そのことを自覚した理論を展開するべきです。そのようなものとしての平和への権利です。その中身をどのように設定して行くのか。

本来最初に触れるべきだったのですが、順番は後になりました。権利としての平和が少しも新しくないと皆さんには聞こえるかもしれないと最初に申し上げました。その説明をようやくしますが、実は平和学の世界では平和というのは「状態」概念です。「平和という状態」なんです。平和学の世界では二段階あります。最初は単純で「平和とは戦争のない状態である」。これだったわけです。もともとの考え方は平和とは戦争のない状態である。ところが、ヨハン・ガルトゥングという平和学者が「構造的暴力」という概念を提案しました。戦争がなくても平和と言えない場合がある。戦争がなくても、大震災だったり、大飢饉だったり、大型の伝染病が蔓延している状態であったり、あるいは軍事基地があって基地被害のある状態、そういう状態があれば平和とは言えない、という話です。構造的暴力があれば平和とは言えない。これがガルトゥングの平和論の中核で、今、日本の平和学でも構造的暴力という議論をするわけです。戦争がない状態だけではなくて、「構造的暴力のない状態」を作る。それが平和学の理論的実践的課題です。

それはもちろん重要で、私もその議論を使っているのですが、そこではやはり平和は「状態」なんですね。「戦争のない状態から、構造的暴力のない状態へ」――それを平和と呼んできたわけです。

それに対して、それと同時に、「権利としての平和」――これを設定するべきだと私は考えているわけです。これは実は憲法学の世界で前から言われていたことでもあるのです。例えば、高柳信一（東京大学名誉教授）がかつて「権利としての平和」ということを論文で書いているんです。ところが、日本政府は全然9条を守らない状態が続いてきました。１９７３年9月7日の長沼訴訟札幌地裁判決では、自衛隊は憲法違反だ、国民には平和的生存権があるという、あの福島判決が出ました。ところが、それから35年の空白があって、もう日本では平和的生存権といくら言っても裁判所は採用しない。全く通らない。もう日本の中で権利としての平和という主張が殆ど通用しない、どこにも通らない。それで35年間悩んできたという現状があります。権利としての平和というのは憲法学者は皆さん知っているけれども、それを中心的な課題として議論するということがずっとなかった。なかったものが35年後に蘇ったわけです（浦田一郎他編『立憲平和主義と憲法理論』法律文化社）。

なぜ蘇ったかというと、２００８年４月の名古屋高裁判決です。名古屋の市民が頑張って、名古屋だけではありませんけども名古屋を中心に全国の市民が頑張って、自衛隊イラク派兵は憲法違反だ、これで頑張った成果として名古屋高裁の青山判決が出て、平和的生存権が認められたわけです。35年ぶりです。そこからこの議論を蘇らせる。権利としての平和とは何なのか、私たちの権利なのに35年間使ってこなかった。もう一度きちんと使おうという議論をするべきです。

憲法の時間意識と空間意識

最後に、憲法の空間意識と時間意識という変な言葉を補足しておきます。先ほど少し触れたのですけど、日本国憲法の空間意識というのはとても異例なんです。日本国憲法には日本国がどこであるか書いてありません。まったく書いていません。普通の国の憲法には書いてあります。

なんとか川の西とか、なんとか山脈の東とか、あるいは北緯何度から何度までとか、この島とこの島が我が国である。セントクリストファー島とネイビス島と、その周辺諸島がセントクリストファー・ネイビスであると、憲法には大抵そう書いてあるんです。

ところが、日本国憲法には書いてありません。どこが日本なのか書いてない。日本国がどこかというのは、ポツダム宣言やサンフランシスコ講和条約で決まるわけです。本州、北海道、九州、四国、およびその付属島嶼というのはポツダム宣言で決まっているんです。全部を明確に決めていないから、北方領土だ、尖閣諸島だ、竹島だと、領土問題の揉め事が残っているわけです（木村三浩・前田朗『領土とナショナリズム』三一書房）。そういう不思議な憲法で、なおかつ先ほど触れたように全世界の国民が平和的生存権を持っているという「勝手な」ことを書いているわけです。これはどこの国にも相談なしに勝手に書いているわけです。こういう異色の憲法です。私たちは、その特質を活用して頑張るわけです。

時間意識も、やや不思議なところがあります。憲法11条と97条ですが、この憲法が保障する基本的人権は現在および将来の国民に永久にわたって保障される、こういう不思議な言葉が書いてあります。11条と97条の2回にわたって永久に将来の国民に保障されるという言葉が出てきます。これも珍しい表現でして、今いない人たちのことを書いている。憲法というのは、どこの国も時代が変われば書き換えるわけです。「日本国憲法は古いから書き換える」とか勝手なことを言っている人がいます。これは一般論としては正しいように聞こえるかもしれません。世界中の多くの国々で、憲法は書き換えられてきたわけです。日本国憲法はずっと変わっていない。しかし、硬性憲法と言って、理由があって憲法改正を難しくしているのです。そのシステムから言うと、憲法第3章が保障している基本的人権については「書き換えてはいけない」というのが、この憲法の考え方なんです。それが将来の世代に渡って永久に保障されるという意味です。ですから基本的人権の追加はしても良いけれども、削減はできないんです。それが日本国憲法の条文の設定の仕方です。硬性憲法は諸外国にもありますが、どこも改正が実現しています。合理的な改正提案をすれば、ちゃんと実現するのです。ごまかしながら憲法改悪をしようとするから、硬性憲法が気に入らないと感じるのでしょう。

硬性憲法の基本原理と関連して平和的生存権があるわけですから、日本国家は将来の国民に対して平和的生存権を保障しないといけません。平和的生存権という権利としての平和を保障させるためには、担い手である国民が努力するしかないんです。その国民は日本国民であると同時に全世界の国民です。元の単語はピープル（people）ですから、全世界の民衆は連帯してこの権利を実現しなければいけない。

ということは、日本国だけが平和的生存権や9条を持っていてもだめだということになります。9条世界会議の発想がとても優れていて、私も賛成してそこに加わったのは、やはり世界に

９条を作らなければいけない。「９条はこんなに良いものですよ、みなさんどうぞ」と我々が一所懸命やらなきゃいけない。それを我々が十分やってこなかったので、今、平和への権利宣言の運動に一所懸命参加して、その議論を世界的に広げようとしているわけです。

第二部

鼎談　平和づくりの理論と実践

軍隊のないサンマリノ政府庁舎

アイスランドの首都レイキャビク

前田――日本政治の動向がめまぐるしく変化しています。政権交代、改革といった言葉が飛び交いますが、政治は溶解する一方の印象もあります。消費税改革をめぐる動きもあり、集団的自衛権を強調する意見が強まっています。領土問題も相変わらず議論が空転しています。次から次と色々なことが動いていて、政治分析の専門家は大変忙しいだろうと思います。私たちとしては〈平和力養成講座〉という枠の中で現状を考えながら、平和づくりの理論と実践について検討していきたいと思います。

私たちはどういう世界で暮らしたいのか

加藤――私自身は別に消費税について格別の関心がある訳ではありません。TPPの問題についても、特に関心がある訳でもありません。今は原発はどうかという話になるのかもしれませんが、むしろ一番大きな問題は「私たちが将来どういう世界で暮らしたいのか」ということです。どういう世界になれば良いのかという共通の認識が失われてしまったことが、一番重要なことです。

私は「平和論」という講義をしておりますが、その第1回目に「平和とは何か」を学生に定義させるんです。平和とは何ですか。ほとんどもう、皆バラバラです。

それからもうひとつ「紛争論」という講義の一番最初に学生たちに問うのですが、「君たちは今世界がどういう風に見えているか」、「今皆に見えている世界、国際社会とはどういうものか」と聞いてみるんです。これはもう一人ひとり違います。最近気がついたことがあります。前はイメージで描いてみてくださいと言うと、それなりに地図をもとにした世界のイメージとか、そこにおける日本の位置づけとか、ある程度描いていました。しかし、最近はイメージできない。ほとんど言葉を使い始めます。

例えば冷戦時代は、アメリカとソ連が対立という二項対立的な世界が描けました。湾岸戦争が終わった後、アメリカの一極支配などと言うと、学生たちが描く国際社会のイメージはだいたいアメリカが頂点に来る構図になります。2001年以降になると、それはアメリカがものすごく大きくて、その周りに色んな国が子分の様にくっついている様な絵になり始めたのです。ここ2~3年、それすらイメージできなくなってきた。言葉では、とにかくきちんとしたことが書けなくなってしまっている。学生だけでなく、おそらくここにいらっしゃる皆さんもそうだと思います。何が問題かというと、誰もが基準となる世界観、皆に共通する世界観、価値観が持てなくなったために、何をもとに判断していいのかがわからなくなってきた。例えば、消費税問題で賛成か反対か。賛成する側も、反対する側も、お互いにそれなりに説得力があるわけですね。では、どちらが正しいのかと判断するためのさらにもうひとつ価値基準とは何だということになります。それはその人の「主体的な判断」しかない。結局ここで皆がバラバラになってしまう。つまり、主体的な判断があまりにも多すぎるのです。

原発問題もそうです。学生たちも「原発がない方が良いんだ」と言います。でも、私たちはこれほどたくさん原発がなかった時代、１９６０年代を知っています。では君たち、１９６０年代に私たちが中学高校の時に暮らした様な生活に戻れるか、と話をする訳です。当時、家庭用のアンペア数は15ですよ。多くて20です。原発のない時代に戻って、今家庭でアンペアダウンして15アンペアで暮らせるでしょうか。こういう話になると、皆黙ってしまうんです。

原発問題も実は、私にとってもデジャブというか、既視感がものすごくあって、70年代の初めにも同じ問題がありました。80年代もあった。つまり原発がつくられるたびに同じことが繰り返されています。今度は規模が違う。本当に大事故が起こってしまったために、ものすごい規模で反対運動が起こっていますが、でもこれもいつの間にか過去のことになりかねない。だって、実際この会場（スペースたんぽぽ）も冷房ありますよね。１９８０年後半から反原発運動やっているのに、みな「脱原発」と言いながら冷房を利用している。私は非難するつもりで言っているのではありません。そういうことがたくさんあるということです。何を基準にしてきちんと話ができるのかは、なかなか難しいと思います。沖縄に配備される米軍のオスプレイ問題も、国際社会がどうなっているかの認識によって分かれます。見方によってオスプレイを必要とする、しないに別れる。「米軍は沖縄から出て行け」ということですけれども、これもまた国際社会をどう見るかという、その判断が正しいのか、間違っているのかを判断する基準を、きちんと明確にできないのが一番大きな問題です。

まとめて言いますと、今価値感が多様化していると言えば聞こえは良いのですが、何を判断の基準として自分たちの社会や、自分の生活を組み立てていけばいいのかが、わからなくなってきている。これは教員としての私自身の立場にも深く関わってくることで、学生に何をどのように教えていいのかも、本当に難しい時代になったなと感じています。

前田――ありがとうございました。時代の転換期に、私たちはどういう世界に暮らしたいのかを、大いに議論しなくてはなりません。続けて木村さんお願いします。

日本は独立国か

木村――冷戦終結後の世界が「モラルとルールのない世界」になりつつあると痛感しています。

それを加速したのが9・11であり、今回の3・11の事態だろうと思います。メルトダウンとか、モラルハザードという言葉がありますけれども、日本を見ても世界を見ても「崩れつつある」と言いますか、非常に大きな岐路、深刻な危機にあると実感しています。

政局に関して言えば、消費税増税も、TPP参加問題も、原発再稼働も、議論の仕方が崩れつつあります。原発の類も、あってはならない選択にもかかわらずに、3・11と福島を経験した日本において、この事故がなかったかのように、前と同じような生活様式と選択が行なわれようとしているのは、本当に異常だなと思います。

「小沢問題」は今日は深くは触れる余裕がありませんが、日本の政局——政治、経済を考える時に、この数年間にわたる小沢一郎をめぐる問題というのは非常に大きな問題と思いますので、最小限の言及をさせて頂きます。やはり検察の暴走とメディア、マスコミの暴走だと考えています。暴走しているのは検察だけではなく、最高裁もそうですし、政治の中枢——官邸であったり、文部省であったりですね、それらも含めて暴走している。そうした中で「小沢問題」——小沢潰しがつくり出されてきたと思います。

2012年6月に、沖縄大学で日本平和学会があり、私は基地問題を担当しましたが、原発も基地も同じ構造的な問題を抱えていると感じました。はっきり言って、民主主義の対極にある存在です。原発については原子力ムラ、基地では安保ムラというか、「日米安保マフィア」という言葉もあります。そういった言葉に象徴される、共通の問題が控えているわけです。

3・11以降、福島と沖縄を比較・連携させながら「犠牲のシステム」ということで語られている高橋哲哉氏（東京大学教授）や、作家の辺見庸氏、前田哲男氏も同様の指摘をされていますが、まさに「構造的沖縄差別」（新崎盛暉）です。そういうことが、本当に浮き彫りになっていると思います。その象徴が普天間基地問題であり、最近のオスプレイ問題だと思います。沖縄の平和学会で「日本は民主主義国家なのか、独立国家なのか」ということを言及させて頂きました。問題意識としては、戦後一度として真の意味で独立国家になったことも、民主主義国家になったこともないのではないかという疑問です。3・11後の状況で、特にアメリカ軍の「トモダチ作戦」が行なわれましたが、急旋回で日本の主権・独立がさらに失われる事態が進んでいると思います。

民主党は対米自立と脱官僚政治を掲げて政権交代を成し遂げましたが、その中心に小沢一郎がいました。政権交代前から小沢一郎、鳩山由紀夫のお金の問題が浮上し、政権交代を阻む動きがありました。２００９年の総選挙で衆議院３００議席以上をとって政権交代が半ば実現した段階でも、その攻撃が続きました。その挙句に、唐突に消費税増税を言って、わざと負ける様な結果を招いた。衆参のねじれの中で動きがとれない状況になり、対米自立と脱官僚政策――画期的な政策は鳩山政権においても、事務次官会議の廃止とか、インド洋に展開している自衛隊の撤退とか、画期的な動きもあったのです。例えば、普天間問題でも辺野古ではない、県外へという模索は挫折させられ、辺野古のＶ字型滑走路復活というところに落ち着きました。今は事務次官会議も形を変えて復活しています。

アメリカとの関係で言いますと、思いやり予算を削減し、撤廃の方に舵取りをするのが民主党の方向性であったにも関わらず、３・11の最中、米軍の「トモダチ作戦」が行なわれ、その経費が60億円ほどかかったと言われていますが、思いやり予算が２０００億円。５年連続で復活固定化しているわけです。日本が災害にあって危機にある時に、「トモダチ作戦」で恩を売った形をとりながら、実はそのような重い負担をさらに強いることを平気でやっている。日本は一度として独立国家であった試しがないと言いましたが、３・11以後「再占領」という形になっていると思います。それから「属国」という言葉――オーストラリアのガバン・マコーマック氏を含め、多くの方が使われておりますが、もう「属国」ですらなく「属領」になっている。属国から属領へ――占領から「独立」を経て「再占領」へと言えるのではないかと思います。２００３年に沖縄国際大学ヘリ墜落事件があったのに、２週間後に訓練が再開されるということがありました。すぐに米軍の訓練が復活されているんですね。植民地、占領地以外の何ものでもない。その後、未だに現状を維持、固定しようとしている。その象徴が、今問題になっているオスプレイだと思います。辺野古の住人が中心となって反対運動、辺野古新基地建設を阻んでいるのは大きな成果だと思いますけれども、世界一危険な基地を野放しにしている現状は異常です。それに輪をかけるような形でオスプレイという、これまで39人の犠牲者を出している、２０１2年4月にもアメリカで事故を起こした危険な大型ヘリ輸送機を、わざわざ普天間基地に持ってくる。アメリカ政府以上に、日本政府、森本敏防衛大臣が安全だなどと言明する状況は、本当に異常だと思います。仲井眞弘多県知事を中心に沖縄の方が怒り心頭なのは当たり前だと思います。私は今回沖縄で、馬毛島問題という、岩国とも絡んだ問題をお話ししたのですが、沖縄の方から「徳之島の時もそうだったけれども、馬毛島もなんで反対をするのか。沖縄の負担軽減は必要だと言いながら、安保も必要だと言いながら、本土移転をなんで反対するんだ」という趣旨の意見が会場から出されて、もう沖縄の方々は我慢できなくなっているんだなと実感させられました。

本当に危機は深刻ですが、その一方で希望のある動きとしては、脱原発の動きで言えば、官邸で毎週金曜日にやっていたものが、最初は３００人と聞いていましたが、それが1万人とか、5万から15万、20万人へと広がってきた。60年安保以来の規模と聞いています。民主主義は多数決と選挙だと一般的に言われているのですが、少数派の尊重とデモこそが重要であると思います。そのデモが、ようやく日本でも、あの悲劇を経てさらに愚かな判断をする者への憤りとして湧き起っている。ここに少し希望を見出しています。

最後に、ここまで状況が悪くなった原因のひとつは、マスコミにあると思います。そのマスコミに対抗する動きとして、市民による独立ネットワークという、ソーシャルネットワークが日本でも出てきて大きな力を発揮し、脱原発運動と繋がりながら大きな広がりになっているのがひとつの大きな希望です。

独立と従属

前田――日本は独立国家なのかという話がありました。民主主義国家なのかという論点ともつなげて語られていますが、一応区別されると思います。独立国家なのか、民主主義国家なのか。対米自立、対米従属の問題が出ていますが、その辺りは加藤さん、いかがでしょうか。

加藤――木村さんにお聞きしたいのですが、対米独立とは具体的にどのような状況をいうのでしょうか。

木村――どのレベルで言えるかは別として、あらゆる問題――政策決定、とりわけ外交、防衛問題において、日本独自の問題に外国の圧力なしに決定できる状況が一度たりとも保証されたことがないということです。これは原発問題でも顕著に出ていると思います。

加藤――これほど相互依存関係が深まっている時代にあって、たとえアメリカであっても、１００％他国からの影響なしに自国の安全保障政策を決定することはできません。つまり、対米自立しているかどうかという問題は、単純ではありません。「独立している」と言う場合に、２つあるんですね。まず、形式的主権です。法的な意味で独立しているかという意味です。もうひとつは機能的主権です。形式的主権とは、それこそ国連で1票の投票権を持つという、国際法的にどの国も主権国家は平等であるという意味です。一方で、機能的主権というのは、各国との関係の中でどのくらい相手国に対して自由度をもっているかという問題です。

アメリカは１００％自由度を持っているかというと、そうではありません。例えば、アメリカとトンガ王国との関係を考えてみれば、アメリカは１００％に近い自由度をトンガに対して持っているわけです。では、日本と比べてどうかというと、アメリカが例えばある問題で日本に対して70％くらい持っていたとして、日本も30％は対米自由度を持っているといった、そういう関係です。相対的な関係でしかないので、何をもって独立かという問題は実質的な問題として捉えないといけない。

仰る通り、我々が普通に使っている「対米従属だ、対米独立だ」というある種のスローガン的意味では、納得できます。しかし、実際はどうでしょうか。アメリカだって、日本の防衛政策の中で１００％自由勝手ができないのは沖縄の問題を見てもわかる通りです。沖縄で米軍が自分たちの思い通りにやってるかと言えば、それはなかなかできない。相当程度強引にやっていることは間違いない。それに対するいらだちで「対米従属だ」と言うのはわかるとしても、実際にそれが本当に対米従属なのかについては、より精密に議論すべきではないかと思います。

前田——加藤さんの発想からすると、現代国際社会における主権国家の独立というものは、それぞれ切り離して測ることはできない。国際関係の中でアメリカが頂点にあるとしても、相対的な独立性とアメリカの支配との関係の中で動いている。

加藤——主権関係ということで言えば、相対的な関係でしかないわけです。我々が一般的に知っている形式的主権で国際社会を考えようとするのでは、実態にそぐわないでしょう。概念がズレてしまうだろうと思います。

前田——機能的主権で考える時に、外交関係であれば日米安保条約となりますが、それ以外にも例えば経済関係、あるいは文化的支配、色んな事を検討しないと議論できなくなります。

加藤——もちろんそうです。冷戦が終わった頃に、ジョセフ・ナイ（国際政治学者、ハーバード大学教授）が言っていたことですが、ハードパワーとかソフトパワーという問題です。軍事力はハードパワーで、我々が安全保障で、沖縄の問題で考えているのは、もっぱらハードパワーの問題でしかないのです。しかし、９・11は間違いなくソフトパワーの問題です。自分たちを認めない西洋世界に対するイスラム圏のルサンチマンが一気に９・11で出てきたんだと思います。対米、従属、独立といった言葉で語られる問題は、多面的に考えていく必要があるというのが私の意見です。

前田――木村さんはどうですか。

木村――沖縄基地問題の淵源《えんげん》をみれば、敗戦後、日本から切り離されて、銃とブルドーザーで基地をつくられ、拡張され、押し付けられたわけです。１９７２年まで、「沖縄返還」以前に、米軍占領下で統治――直接統治から間接統治へ変わりますが、国際法違反の異常なことだったと思います。なるほど、本土についても全土基地方式というものが適用されました。首都圏に横田基地や横須賀基地など巨大な基地が作られて、原子力空母という、それこそ原発４つ分くらいあるやつを、首都圏近くに常駐する事態も許しています。また、日本の空域のかなりの部分――沖縄は典型ですが、首都圏も含めて、米軍が「占有」している部分が非常に大きい。敗戦後の占領の特権がそのまま維持されている。世界にアメリカの基地、軍事施設を置いている国が130～140ヶ国あると言いますが、とりわけ敗戦国・日本においては異常な力関係が今日まで続いています。そのことをほとんど国民が知らされていないことも問題です。日本の空域を、日本人の意思で動かすことが非常に困難であること、そういったことにも明確に現れています。

外交問題で言えば、例えば2003年にイラク戦争が始まった時、直ちに戦争支持を表明したのが日本の小泉純一郎首相だったように、ある意味で選択の余地がないのですね。イラク戦争が正当か否かではなくて――そういう判断はそもそもしないで、アメリカの決定に逆らうとまずい、それ以外の選択をすると日本の国益に不利になると考える。議論をする間もなく、対米追随になってしまう。あのとき言われたのは、朝鮮半島問題で助けてもらわないといけないといったことでしたが、完全な思考停止です。とりわけ外務・防衛官僚にはそういった思考が浸透しています。鳩山由紀夫首相（当時）は普天間問題を、力が足りず最後はあのように元に戻った形になりました。しかし、本土の人と違って沖縄の人々、メディアは、鳩山元首相を割と高く評価しています。沖縄問題を本当の意味で日本全体の問題にして、何とか動かそうとしたからです。それは鳩山元首相が初めてだという言い方をする方もいます。そういう意味で、私は鳩山元首相が対米自立、基地問題で象徴的に動こうとした証明だったと思っています。ただし、日米地位協定の改定その他も掲げていたのですが、それは実現が難しくて消え去って、今度の民主党のマニフェストが元通りになっています。民主党の腰砕けというしかない状態になったわけです。

日米同盟のいま

前田――日米安保「同盟」をどう見るのかを伺いたいのですが、今は完全に日米同盟で総合的な安保になっているわけですけど、元を正せば、アメリカ側から見ればNATO（北大西洋条約機構）であったり、米韓条約であったり、あるいはほとんどの方がご存じないと思いますがアメリカ・アイスランド協定も同じです。要するにアメリカの戦略によって世界中に同じシステムを作っていったわけです。そういうアメリカの世界戦略にとって普遍的な側面と、それから日米安保が持っている特殊な側面がある。つまり従属とか、属領ということの関わりで、アメリカから見た時に日米安保が他の軍事同盟と比較して何らかの特殊性を持っているのでしょうか。

加藤――冷戦時代は間違いなく「対ソ同盟」ということで、日米同盟はそれなりの意味を持っていたわけです。冷戦が終わってから、本当に意義付けができなくなったんです。私は1981年から1996年まで防衛庁防衛研究所におりました。木村さんの言葉で言えば、間違いなく「安保ムラ、安保マフィア」の一員です。今もその一員です。ただ、安保マフィアの方からは「あいつは裏切った」と言われています。他方、平和学会の方からは弾き飛ばされて、あいつは右だと言われています。どちらにもつかない非常に変な立場におります。それはさておき、防衛官僚が1990年代初めくらいに対米独立を考えた時期があります。私は40歳初めくらいでした。威勢がいい、私と同期前後に入ってきた防衛官僚がその中にいましたし、その当時の雰囲気はよく知っています。防衛庁も外務省も、それこそ木村さん以上に「ナショナリスト」になって対米独立を考えた。それが上手く行かなくなったのは「北朝鮮問題」です。北朝鮮が核兵器を開発しているという話は1980年代後半からあったんですが、それが明らかになって1995年に、戦争の一歩手前まで行きました。そこで、当時から日米安保をもう一度きちんと位置づけ直さないと日米安保が持たないという危機感が日米両国にありました。実は気づかないうちに私も渦中におり、日米協議の使い走りとして組み込まれていました。

朝日新聞社の主筆だった船橋洋一著『同盟漂流』にありますが、防衛研究所、外務省、そして防衛庁内局、アメリカ側はエズラ・ヴォーゲル（元ハーバード大学教授、東アジア研究者）、ジョセフ・ナイやアメリカ国防大学の研究員たちが外務省、防衛庁、防衛研究所を舞台にして頻繁に会合や研究会を開くという名目で来日していました。私もその交渉の一端を次官から聞いたことがあって、何をやっているんだろうとずっと関心を持っていました。結局、ご存知のとおり1996年4月に日米同盟が「再定義」されました。日米安保はアジア太平洋の平和と安定のために欠かすことのできない同盟であるという風に、日米安保から「地域安保」に変わったんです。もちろん、その前に1992年にブッシュ（先代）大統領が来た時に、「グローバル安保」としての定義付けを一度行なおうとしたことがありますが、それは単に政策的な提言だけでした。実際に「アジア太平洋地域における」という文言が入ってきたのは1996年です。その後、北朝鮮問題が日米問題、日米安保にとっての、最重要課題になってきました。そこからいろんな国内法制の整備の問題も出てきたんです。それでもアジア太平洋という大枠の中で考えられていたのですが、ここ数年はだんだん中国シフトになってきて、日米同盟は昔の対ソ同盟から対中同盟のような形になりつつあります。

対中同盟が微妙なのは、アメリカ側に反中派がそれほど多いかということです。日本は日米安保同盟でずっとやっていけると信じているとしたら、それはおめでたい話です。まだヘンリー・キッシンジャー（元アメリカ国務長官）も生きていますので、彼が持っている親中コネクションは極めて強力で、下手すれば本当に日本そっちのけで米中は太平洋の「西は中国、東はアメリカ」と分割支配しかねない。沖縄の問題は、そうした話と絡めて見ていかなければならないのです。

もうひとつ、お話をしておかなければいけないのは、「軍の文化」というものがあるということです。たぶん、海兵隊は沖縄からは出て行かないだろうと思います。戦略的な意味付けではありません。防衛庁が一所懸命やっているような対中戦略問題ではない。そうではなくて、沖縄は海兵隊にとって「聖地」なんです。沖縄戦でものすごい犠牲を払った。海兵隊の船に「オキナワ」とか、あるいは「イオウジマ」という名前をつけるのもそうです。沖縄は簡単には手放せない。合理的判断ではないんです。象徴的な意味合いであったとしても、おそらく海兵隊は残るだろうと思います。ところで、現在、沖縄に何人の海兵隊員がいるかご存知ですか？

前田——1万6000人でしたか。

加藤——それは形式的に言っているだけの話で、本当にいるかどうか、実は誰も知らないんです。実際にずっと出入りをカウントしていないとわからない。いると思っていた海兵隊がいないということは十分あり得ることです。防衛庁は「思いやり予算」から、水道、電気代など全部払っていますが、このぐらいの人数がいるだろうとカウントできるのは水道料金です。一人だいたいこのくらい使っているだろうから、今このくらいの人数がいるなと推測するんです。アバウトに、今このくらいの人間がいるらしいということがわかっているだけです。出入国管理がきちんとできないのは、確かに「独立国家」ではない。その意味では木村さんに賛成します。ということで、日米安保の役割が少し変わってきたというお話をしました。

前田——日米安保の機能の変容について、木村さん、いかがでしょうか。

木村——世界の130～140ヶ国にアメリカ軍基地・施設が何らか置かれているということは、程度の差はあれ、やはり「覇権国家」、「帝国」と言われるアメリカの支配下にあるということです。そういう意味で、完全な独立を保証されているわけではない。とりわけ日独伊の3ヶ国は第二次大戦の敗戦国です。韓国にもそれに次ぐ数の米軍が駐留していますけれども、これらが一番多いんですね。日米安保は二国間安保で、NATOは多国間安保ですので、その違いがあって、直接的な従属支配関係が一番現れやすいのは日本ではないかと思います。ソ連が消滅し、ワルシャワ条約機構が崩壊した時点、冷戦が終了した時点で、NATOと日米安保の存続意義はなくなったはずです。それがなぜなくならなかったかというと、実体的な脅威があったからではなくて、やはり軍産複合体の生き残りのために「新たな敵」を求め、「新たな脅威」を作り出すという側面から存続をはかっていったわけです。日米安保にしてもNATOにしても、第三国が先制攻撃してくる可能性——これは冷戦時代にもなかったと思いますし、冷戦終了後、さらにそういう脅威はなくなったと思いますが、それに代わる脅威としてテロリズムとか、地域紛争とか、「ならず者国家からテロ国家へ」という流れをつくり出して、軍事同盟の存続に結びつけてきたのです。

それに抗する動きが一度あったのが、日本では1993年の小選挙区制導入と非自民政権成立です。細川護熙政権が成立しました。立役者は良い意味でも悪い意味でも小沢氏だったわけですが、その政権がやろうとしたことが、実は２００９年の政権交代とも重なる、ある種の「アメリカ離れ」だった。日米安保の前に、アジアの多国間集団的安全保障機構の構築を位置づけ、国連を重視するという発想です。細川護熙首相（当時）も「駐留なき安保」と唱えました。鳩山由紀夫元首相も「東アジア共同体」論です。小沢一郎は「横須賀基地の空母だけでアメリカの抑止力は十分だ」という発言をした上に、日米安保を維持するとしても今の基地のあり方は異常で過剰負担であり、対等性が失われていると発言しています。日本が「安保ただ乗りをしている」と言われてきたけれど、そうではなくて逆に、アメリカの方が圧倒的な利益を得ているということで、そういった流れを変えようというのが民主党への政権交代でもあったと思うのです。しかし、それは見事なまでに叩き潰されたのです。武藤一羊さんが最近出された『潜在的核保有と戦後国家』（２０１１年、社会評論社）の中で触れているんですけど、「揺り戻し方式」と言って、支配状態、従属状態から脱却しようという動きをして、それが挫折した時にはそれまで以上に従属状況下に置かれる。これは１９９３～４年の時と似ていると思います。

アメリカと中国

前田――東太平洋をアメリカ、西太平洋を中国という米中の一定の妥協の下での世界支配が想定されると思うのですが、政治だけではなく経済的にもそういう時代に入ってきていると思います。その辺りの具体的な筋道というか、世界がどう動くのか、それが日本にとってどういう影響があるのか。その辺りはどのようにお考えでしょうか。

その点を考えて頂いている間に、少しエピソードを紹介しておきます。例えば、かつて南洋群島として日本領であったパラオがあります。パラオ共和国はグアムの南西にあります。非核憲法で有名な国なんですが、パラオの首都の町中に台湾政府の代表部があります。ほとんどの方がご存じないと思いますが、たまにニュースでご覧になる「海に沈み始めた国」――赤道直下のトゥバルがあります。私はそこも調査に行ってきたんですが、トゥバルの政府の建物――トゥバルには五階建てといった高い建物がひとつしかないんですが、それは政府の建物なんです。これは台湾政府が援助して建てたのです。西太平洋地域には、台湾も一定の影響力があるんです。しかし、現実的にはアメリカと中国との狭間に置かれていて、非常に大変な状況になってくると思います。

そういう中で太平洋サミット――「島サミット」が、この間も沖縄で行なわれました。太平洋の島々の代表が沖縄にやって来たのです。日本政府もオブザーバーで参加して、毎年「島サミット」が行なわれています。パラオ共和国、ミクロネシア連邦、マーシャル諸島、ヴァヌアツ、ソロモン諸島、トゥバル、キリバス共和国とか、みんな小さな島ですが、サミットをやってきました。2013年に何があったかというと、日本政府がそれらの国々に「中国脅威論」を説いて、だから日本が援助しますと言って、武器輸出に励んだわけです。それが新聞にはごく小さく報道されました。米中の狭間で、台湾や日本もそこに絡んでくるわけです。

しかし、主導権を取るとしたらやはり米中の間で基本的には物事が決まって行くので、アメリカの太平洋戦略と中国の太平洋戦略がどこでどう噛み合うのか。先ほど言ったような世界を分割支配するという可能性というのはどこから出てくるのか。いかがでしょうか。

加藤――アメリカが見る世界と、中国が見る世界というのは、やはり違うんだろうと思います。もちろん、日本が見る世界も違います。アメリカは世界に自由と民主主義を広げて行く使命を持った国だという、極めてキリスト教的な発想をもった国です。

一方、中国はどういう見方をしているのか知りませんけれども、仄聞するにやはり「華夷秩序」のような世界観で、自分たちの中華があって、その周りにずっと家来の民たちがいるというイメージで見ているように思います。一方、日本はどうかと言うと、日本側の見方はおそらく中国的見方をする人もいれば、アメリカ的な見方をする人もいるかもしれません。全く違う見方をする人もいるかもしれません。ここに3人がいても、見方が全然違う。私が木村さんに聞きたいのは、現状が良くないとするならば、理想とする世界はどういう世界なのかということです。それがわかれば、そこから、では今何をすべきかということが出てくるはずなんです。

私が言っているのは、こうあるべきだという世界が今失われているんじゃないかということです。今ある世界というのは、もう一度この近代国家が立ち上がった17世紀まで戻って、つまりホッブズの時代にまで戻って「社会契約論」的な近代国家のあり方が本当に正しかったのか。あるいはそうではなくて、歴史的な共同体国家論が正しかったのかというところまで遡って、もう一度我々が目指すべき世界、国のありようというのはどういうものなのかを考える時に来ているのではないか。実際に今どうなっているんだと言われると困るんですけれども、ただ国際社会は自然状態的な世界になりつつあると思って、あるべき世界を求めて私は今、勉強をしている最中です。

前田――社会状態ではなく、自然状態だということですね。

加藤――そういうことです。

対米自立の方向性

前田――関連して、木村さん、いかがですか。

木村――米中の妥協のことですが、アメリカの衰退と中国の台頭というのは、流れとしては間違いのないものになってきていると思います。その後の世界が「新冷戦」と言われているように米中対決中心のものとなるのか、あるいは米中共同覇権というような二極支配――二極が一緒になって共同支配をするものになるのかも、今の時点では不鮮明です。それはどちらも望ましくはないと思います。

というのも、私は旧ユーゴスラヴィアの研究をしていました。冷戦時代の世界のあり方を、米ソどちらにも付かずに「非同盟運動」の中心的な役割を果たしたのが、旧ユーゴスラヴィアだったとするならば、日本も米中の狭間にあってどのような役割をするのかが今問われている。アメリカの動きは必ずしも一枚岩ではありません。経済的には相互依存を深めながら、その一方で軍事力による中国包囲網を世界的な基地再編ということでやろうとしている。でも、これは今の段階ではかなり誇張された脅威論だと思うんです。１９９３年にも朝鮮半島の核問題があって、日本の自立が押さえられました。２００９年以降の政権交代の中で、北朝鮮による韓国の「艦船撃沈」――かっこ付きですけどね。私は真相はそれとは別だと思っています――、あるいは尖閣諸島をめぐる前原誠司（国土交通大臣・当時）の独走による意図的な日中間の対立、そういったことがあって辺野古会議に繋がったと思います。作られた国際関係の悪化です。今言われている中国脅威論と米中対立――新冷戦に繋がるかもしれない、という認識は、事実関係がかなり違っているのではないか。米中二国間で、日本にどのような選択肢があるかという時には、やはり対米自立の最終的な形態として日米安保同盟の解消、日米平和友好条約の締結、および東アジアにおける多角的集団的安全保障機構――これは軍事同盟、集団的自衛権に基づく軍事同盟ではないので、アジア版ＮＡＴＯをつくれということではなくて、集団的安全保障機構をアジアにもとということです。東アジア共同体構想というのはその一例でもあったのです。しかし、ＴＰＰと事実上の日米韓軍事同盟の動きによって、今潰されようとしています。これが非常に大きな挫折に繋がるわけです。二等辺三角形なのか正三角形なのかは別として、米中と等距離をとりながら日本独自の役割を果たして行くためには、やはり安保の軛から解き放たれる必要があると思います。そうしないとアメリカ的世界像から抜け出せません。

ただ、難しいのは対米自立後の日本がどういう方向に行くかということで言えば、今言っている方向性だけでなく、むしろ対米自立は重武装――核武装を含む重武装でということで、もちろん日米安保がなくなれば、軍事予算が今の3倍から5倍は必要だというような軍事力中心の発想をする勢力が残念ながら今のところ強い。そのような方向性は不毛な選択に至るので、現状も問題ですが、変化があってそのような方向に暴走するのならば、さらに深刻な問題を生むという状態で、非常に問題が錯綜していると思います。

東アジア安保体制

前田——日米安保廃棄、それから東アジア安全保障体制が出ました。加藤さん、いかがですか。

加藤——この地域になぜＮＡＴＯ版のような集団安全保障体制ができなかったかというと、最大の理由は日本にあるわけです。アメリカがこの地域に安全保障体制を築こうとして一番最初に考えたのはＮＡＴＯと同じような太平洋同盟を考えたのですが、その時にフィリピン、オーストラリア、ニュージーランドなどが「元敵国日本と一緒になるのは嫌だ」と言ったんです。ＮＡＴＯの場合は西ドイツですが、西ドイツをＮＡＴＯが説得したというよりも、現実に東西ドイツに分かれたために西ドイツを集団安全保障体制の中に組み込むことに各国ともイエスと言わざるをえなかった。太平洋地域の場合は事情が違って、日本が入るような集団安全保障体制は嫌だと言って、日本は外されて来たわけです。それでいわゆるハブ＆スポークの二国間同盟を作って、アメリカが全体を繋ぐ中心になったわけです。将来的にも同じようなことが、つまり日本の問題が解決されないままに北東アジア、あるいは東アジア共同体構想などというものができるかどうか。ひとえにそれは日本側の問題であって、他国の問題ではないのです。そのやり取りはもう目に見えています。「日本は先の大戦について反省しているのか」と、それをずっと言われ続けて、結局、共同体はできない。それこそどこまで謝罪すれば納得いくのかという話になるのかと思いますけれども、それは基本的にはアジア諸国民の日本に対するある種のルサンチマンですから、いくら謝罪しても駄目なものは駄目なんです。決定的に謝罪が必要なくなる時期はいつかというと、日本が中国や韓国にとってもう取るに足らぬ国になった時に初めて東アジア共同体は現実のものになると思います。

前田――あえて「過激」な言い方をされましたけど、そのあたり木村さんいかがですか。

木村――アジア版NATOができなかった理由は、加藤さんが言われたとおりだと思います。やはり日本が戦争責任、戦後の総決算をやらなかったつけは非常に大きい。それが今の歴史認識問題、教科書問題でも、日中、日韓の摩擦を起こしている。さらに領土問題と資源問題があります。さまざまな意味で摩擦が起きている。それらを克服する必要があるし、そのボールは基本的に日本側に多く投げかけられているという問題意識は持っています。

ただ、最近の日中、日韓の市民レベルでの交流、あるいは政権交代後、小沢一郎（民主党幹事長・当時）が６００人もの人を連れて訪中して、日中間の絆を深めようとした動きも含めて、私は越えられない壁ではないと思います。その後の逆流で、日中はいま非常に厳しい関係になっていますが単純に厳しくなるだけではないと思います。

アジアにおいても共同体――経済、政治、軍事に進むまで共同体ができる可能性は十分にあるはずです。そこで難しいのは「アメリカを排除する」という言い方をよくされるのですが、排除ではなく地域がまとまって、その地域の共同体が開かれたものになっていくのは当たり前なことであって、アメリカはアメリカ大陸のカナダ、メキシコと結んで地域的な共同体的な動きがもちろんあるわけですし、欧州ではヨーロッパ共同体（ＥＵ）という「ヨーロッパ合州国」への流れがあるわけです。長期的には国際統合で世界がひとつの方向へなるように動いていると思いますし、それが望ましいと思います。アメリカは「世界覇権国家」ですから、他の地域の覇権国家を許さない。だから、アジア太平洋地域において地域覇権国家にもなってないと思いますけれども、封じ込めようとしているわけです。そういう台頭を許さないというだけでなく、地域がまとまってアメリカが間接的にしか関与できない状況は望ましくないということで、ヨーロッパがあれほど一体化に向けて動いていながらも、ヨーロッパ合州国的な動き、あるいはヨーロッパ軍ができないのは、ＮＡＴＯという冷戦時代の負の遺産が未だに続いていて、それを支える役割をイギリスが果たしている。このままで日本はアジアにおけるイギリスの役割、つまりアジアがひとつになって連帯しようというのに楔を打ち込んで阻害する要因になりかねない。それは最も好ましくないシナリオの選択であると考えます。

前田――東アジアの安全保障、東北アジア共同体、あるいはそれ以前に東北アジア非核地帯という発想もありますが、それもなかなか動かない。軍事的なものとは全く違うレベルでいうと、東アジア人権機構、東アジアの人権条約――欧州人権条約や米州人権条約のような発想もあるのに、全く動かない。かつて国連から日本政府に「アジアの人権条約をつくる音頭取りしませんか」という話が来た時に、外務省がお断りしたわけです。現実的な可能性がないというのが当時の外務省の判断だと思いますが、それが未だに続いているわけです。では、東北アジアにおけるそういうシステムを作るための前段階の緊張緩和なり友好関係を、どこに手がかりを求めるのか。

加藤――私は国家間の統合については賛成しません。かつて、カントが『永久平和論』の中で、諸国家の多様性が確保できないということで、国家が集まって会議を開く今の国連スタイルを提唱しているわけです。つまりひとつにまとまるのは「一にして多を犠牲にする」という問題が含まれてくるので、私は一般論として統合論には賛成しません。とりわけ、北東アジア、東アジアに関しては、今人権のお話をされましたけれども、中国の人権状況を考える限り、共同体といって同じレベルで統合するなどということは絶対にあってはならないと思います。軍事とか経済の問題以前です。国家が「一人っ子政策」を取るような国とはいったい何なんだと思います。国家が人の生き死にに介入するなんてことがあってはならない。大変な人権蹂躙ですよ。それから農村戸籍と都市戸籍の制度など、こんな国民を差別する国なんてあってよいのかと思います。それがなくなったら共同体を考えてもいいと思いますけれども。

前田——アジア各国はいずれもさまざまな困難を抱えていますが、木村さんいかがでしょうか。

木村——東北ないし北東アジア非核地帯の構想にしても、ASEAN（東南アジア諸国連合）プラス3とか、ARF（ASEAN地域フォーラム）の動きなども含めて、東北アジアと東南アジアとを含めた広い意味での東アジアを全体的に統合するというのはなかなか難しいのですが、それぞれの中でそのような動きをしながら、信頼醸成をやって最終的な統合の方へ向けて行くのは不可能ではありません。何よりも経済的な相互依存体制は、私たちが思っている以上にアジアでは進んでいます。それからアメリカについて言うならば、財政危機のまっただ中にあって、世界からも基地撤去するくらいの方向に動きつつあると思うんです。現在日本は「思いやり予算」で米軍駐留経費の75％を負担していますが、同盟国の中で突出しています。米軍が日本駐留をやめないのは、これがむしろ原因ではないかと言われているくらいです。在日米軍の中でもとりわけ海兵隊はグアム、テニアン、ハワイ、オーストラリアと言われているように、新しい「エア・シー・バトル戦略」の中では中国の射程の届かない所に置いた方が良いと考えているわけです。また、日本では多国間の軍事演習ができない。グアムだったら自由にできる。むしろ抑止力は強化できます。アメリカの海兵隊は、日本側が言わなくても撤退して行く可能性はあると思うんです。今度の普天間基地の本州関係の予算にしても長くても15年単位でしたが、15年もしないうちに海兵隊は自らの理由で撤退して行く可能性があると思っています。

加藤――「撤退」というのが具体的に何を意味するのかが重要だと思います。日米安保が破棄されて完全に撤退するのか、それとも戦力、戦術上撤退するのか。前者の可能性は低いかと思いますが、後者の可能性は高いと思います。ただし、前にも言いましたように、海兵隊にとって沖縄は聖地です。実質的には撤退したとしても、たとえば司令部機能、基地機能等最低限の機能は残して、部隊が巡回する、カエルがハスの葉を飛び移るような、いわゆる「ハスの葉戦略」のような形で撤退するのではないでしょうか。

木村さんがおっしゃるように、日本で多国間の軍事演習はできませんし、人口稠密な沖縄で海兵隊の訓練をするのはますます難しくなると思います。中東を想定するならオーストラリアの砂漠が演習には最適でしょうし、東南アジアの対イスラム・ゲリラ訓練ならフィリピンがふさわしい。いずれにせよ、将来の戦争の形態や兵器の発達を考えれば、海兵隊が今のまま駐留するとは考えにくい。

Ⅱ 「新しい戦争」の時代

前田――日本を中心にアメリカ、中国、そしてアジアの話をしてきましたが、国際政治全体の動きとしては、現段階における戦争、内戦、テロについても議論しておく必要があります。9・11以後、現在まで、世界はテロや内戦など様々な状況になっています。「アラブ革命」「中東革命」と言われる事態も起きていて、今はシリアが収拾がつかない状態ですけれども、その辺りを見て一言お願いします。

戦争の形態が変わった

加藤――冒頭に申し上げたように、現在の世界の状況をどのように見るのかという視点で、今後戦争とか紛争の見え方が大きく変わってくると思います。私の戦争に対する見方は、簡単に申しますと、その時代の産業構造に対応して戦争の形態が決定されるという考え方です。大きく分けて3つあります。まず、農業時代の戦争です。これは傭兵と道具による戦いです。いわゆる封建時代の戦争です。それから工業時代の戦争というのは、我々が経験した総力戦です。国家間の総力戦で、基本的には20世紀の戦争だと考えてください。19世紀までは農業時代の封建的な戦争の時代。そして、20世紀の１００年間が工業時代の国家間戦争、総力戦の時代です。ところが、21世紀の情報時代になってから全く別の戦争形態が出てきました。その幕開けになったのが、９・11だと思います。21世紀は、情報が、戦争や国家や、ありとあらゆる社会システムを決定していく時代だろうと思います。新しい戦争は、その意味で個人、組織、国家などあらゆる主体が武力主体となる戦争となるのではないか。これまでの国家間戦争のような形で、アメリカと中国が戦争をするなんていうことはもうないのではないか。それから、今までのように兵器が、ある特定の兵器会社によって作られて、そこが利益を得てそれが戦争を拡大して行くという議論は、20世紀型の戦争には当てはまりますが、今ではそういうことになっていません。イラク戦争を見てもわかるように、新しい兵器はほとんど開発されていません。できたのは無人兵器ぐらいです。無人兵器といっても本質的には昔の兵器の延長線上みたいな兵器です。そういう意味では、戦争というものの形態がまったく変わってしまった。

戦争の形態が変わるということは、国家の形態が変わるということです。テロが出てくるということは、その背後に大きな国際政治上の変化が起こっているはずなんです。それは同時に、国内政治にも影響してくるはずです。それがどういうものなのか、まだわかりません。これだけ大きな変動というのは16世紀から17世紀にかけて近代国家が誕生してくる時代以来のできごとではないだろうか。近代が生まれたのは17世紀ヨーロッパで、特に近代科学革命が起こりました。それが実は政治なり、ありとあらゆるものに波及して行って、そして現代の社会システムを作り上げてきたのです。それが限界にきてしまった。福島第一原発が吹き飛んだのはまさにその象徴です。それでこれからどうなるんだと言われると、今一所懸命勉強しておりますので、寿命がくるまでに何とか成果が出せればといったところです。

前田——戦争の形態が変わった。20世紀型から21世紀型ですね。形態が変わったことの具体的意味は、国家間戦争でなくなったことですか、それとも総力戦というタイプではなくなったということですか。

加藤——国家間戦争ではなくなったという意味です。私たちがそれを説明する枠組みを持っていないものですから、今の言葉で説明ができないんです。ただ、アントニオ・ネグリとマイケル・ハートは『〈帝国〉グローバル化の世界秩序とマルチチュードの可能性』(以文社)の中で、国家という言葉を意図的に避けて、主権主体という考え方を出してきているんです。主権主体って何だといって、よく考えると国家と変わらないと思います。彼らにして、やはり国家に変わる新しい概念をきちんと説明できていないんです。主権なんていうのは近代国家に付随した概念ですから。

前田――かぎかっこ付きの〈帝国〉も特定の国家ではないと言いつつ、誰が見てもアメリカをイメージしてしまいますよね。

加藤――それが限界です。我々の能力の限界で、今ある知識を利用して説明することしかできないんです。本当に一部の天才が、それこそヒッグズ粒子理論を提唱したような人が、新しい枠組みをポンと提示したときに、おそらく「世界」が変わるだろうと思います。さすがに私にはその能力はないので、若い人たちに期待します。全然違う「世界」が出てくるはずなんです。だから戦争も第二次世界大戦型の太平洋戦争を教訓にしながら、「だから戦争をやめにしよう」というのは私に言わせればナンセンス以外の何ものでもないんです。日清戦争を、日本軍は応仁の乱をはじめとする国内内戦、あるいは直近にあった幕末の内戦を参考にしながら戦ったんです。日露戦争は日清戦争を参考にしながら戦ったんです。それ以後、幸いなことに日本は大きな戦争をしなかったわけです。従って、太平洋戦争は、先進国の中で唯一総力戦以前の日露戦争を教訓にしながら日本が戦ったがために負けたんです。他の国はみんな第一次世界大戦の総力戦の経験を踏まえて戦ったんです。だから日本は負けました。今我々はそうした愚を犯さないように、まさに湾岸戦争以降の新たな原理主義テロも含めて新しい戦争はどういう背景を持っているのかを考えるべきだし、さらにそれに絡めて実際にそこで利益を得ている人たちは一体どういう人たちなのかも、これまでとは全然違う人たちが利益を得ていることを見抜き、分析する必要があるのです。

前田――それは既得権を持っている軍事産業だけではない、違う何らかの勢力がいるであろうということですか。

加藤――そうです。9・11で儲かったのは、例えば民間刑務所なんですよ。イラク戦争で儲かったのは、ある種の土木会社です。戦争を公共事業にしてしまったために軍事産業をほとんど民営化したんです。儲かったのは兵器会社ではなくて、ダインコープのような民間軍事会社です。ハリバートンのようなアメリカの公共事業関連、土木会社とかそういうところも復興事業でものすごく儲かっています。兵器会社はほとんど伝統産業になりつつあるから、アメリカだってもう潜水艦をつくれる会社は1社しかないし、戦闘機をつくれる会社も2社になるほど統合されてしまった。日本でも、三菱重工もF35の受注がとれなければ、下手をすれば戦闘機部門は潰れます。ひたすら伝統産業化してしまって、技術を継承するために新しい戦闘機がどうしても必要です。今から20～30年前の話ですけど、F15が導入されたときに三菱重工の人が「とにかく必ずF15を何機かは発注してください」と言っていたんです。儲けるためだけではありません。何故かといったら、熟練工でないと、極めて固いチタン合金の翼の部分に電動ドリルで穴があけられないのです。まさかと思ったんですけど、そういう熟練した技術を継承していくためにも絶対に新たな戦闘機が必要です。

前田――金融資本であれ、土建であれ、軍事産業であれ、それは資本の中での再編成が行なわれているわけですよね。

加藤――ということが、軍事産業について言えるかどうか。

前田――再編成の仕方が上手くいかないと、軍事産業の継承ができなくて、産業丸ごと潰れてしまうということです。軍隊廃止論者の私としては、期待したいところです。

加藤――そうでなかったとしても、いずれは戦闘機のようなものはなくなると思います。だってもう無人機で十分でしょう。戦闘機って生身の人間を乗せるから性能を発揮できないんですよ。戦争とは一体何かという問題があって、今の戦闘機って人間を乗せるからダメなんです。だから人間を乗せないようにして、お互い戦闘をやり合うんですよ。カリフォルニアで操縦するわけです。戦闘している現場はアフガニスタン上空です。イラクや、中国でもいいですよ。中国上空で無人機同士でバトルするわけですよ。それで中国軍機が墜落します。無人機です。アメリカ軍はカリフォルニアで「やったー、やったー」と万歳です。これが戦争なのかという話です。血を流さない戦争って戦争と言えるかどうか。この問題をどう考えるのか。「新しい戦争」というか、兵器が技術が我々の戦争観を突き抜けて行ってしまった時代になりつつあるんです。従来の戦争は、よく学生が言うのは「罪もない人たちを巻き沿えにするから良くない」という。でも罪のない人たちを巻き沿えにしない戦争の仕方――兵器を、開発しようと思えばできるんです。相当程度できます。今、兵器の発展は、人を殺すことではなくなったのです。いかに人を殺さないようにするかという発展です。

前田――現実にはアフガニスタンでもイラクでも、多数の人々が死んでいるわけです。それは国家間戦争ではなくて、テロだからということですか。

加藤――多数というのは、何と比較して多数かということです。総力戦の時代には、東京大空襲は一夜にして10万人が亡くなりました。ヒロシマ・ナガサキは言うまでもありません。アフガニスタンの1回の爆撃で亡くなる人というのは、最悪の場合それこそ１００人の大台になることはありますが、でもそれは最悪の場合ですよね。普通は数人規模です。それでも大変なことじゃないかと言うわけです。亡くなる人にとっては悲惨です。全くその通りです。私は反論しません。ただし、なぜそんな一般の人たちが巻き沿えになるかというと、爆弾が精密に当たるからです。例えば横浜から爆弾を投下してもこの部屋を直撃することができるわけです。今の兵器の精度だと、かなりの命中率です。ただ、微妙にやっぱりズレるんですね。風や気温、地球の自転等いろんな要素がありますから。そうすると数メートルずれて隣のビルに当たりました、これで一般市民が巻き沿えになりましたという結果になるのです。昔なら、この部屋を破壊しようと思ったら、この辺り一帯、数百メートルに爆弾を落とさないと、この部屋は潰れなかった。でも、爆弾が正確になったから、一般市民を巻き沿えにする機会が増えたということです。皮肉な結果だと思います。というので、我々が考えているものとは全然違う「世界」が出始めた。それで最初に戻りますけど、私たちはそれを説明する言葉がなかなか見つけられないというのが現状ではないかと思います。

「新しい戦争」の「新しさ」とは

前田——戦争形態の変化について、もう少し深めたいのですが。

木村——９・11以後にブッシュ政権が立ち上げた世界的規模での「テロとの戦い」「対テロ戦争」なるものは非常に虚構に満ちたものだと思います。直後にやられたアフガニスタンに対する報復戦争にしても、イラクに対する予防戦争にしても、その正当性は何らなかった。国際法違反の侵略戦争だった。その原型は旧ユーゴスラビアで１９９１年3月に行なわれた、ＮＡＴＯによるコソボ紛争に端を発した対ユーゴスラビア戦争です。これは名目は「人道的介入」です。「人道のための爆撃」「人道による空爆」なんてあるのかと批判もされましたが、これこそ「戦争であって、戦争ではない」のですね。なぜならばＮＡＴＯ軍の死者はゼロです。訓練中の事故での死傷者はありましたけど、もうサラリーマンが爆撃するという調子でやられていて、ＮＡＴＯ側の被害者はゼロで、ユーゴ側の被害者は２０００人です。

前田——サラリーマン空爆ですか。湾岸戦争時に女性兵士問題が話題になりました。「軍隊内男女平等」を求めた女性たちが、女性も男性と同じように爆撃したいと主張して、米軍に認められて、湾岸戦争で女性戦闘兵士が登場しました。イラクの民衆を殺すことで、男女平等だ、女性運動の勝利だと、喝采したわけです。

木村――一番被害を受けたのがＮＡＴＯ空爆後に、空爆とユーゴ側の作戦で犠牲になったアルバニア人で約1万人と言われています。「人道的介入」と言うけれども、「人道的破局」がＮＡＴＯ空爆後に始まったのであり、ＮＡＴＯ空爆の口実にされたラチャク村事件は、ボスニア紛争時のサラエボ市場の二度の空爆事件と同じく、あれもセルビア政府の責任にされましたが、後からの報告・調査によれば、ボスニアのイスラム政府の犯行の可能性があるし、コソボのラチャク村もアルバニアの自作自演の可能性が強いということで、人道的破局というのは、介入の口実にされていると思います。

中東の動きを見れば、最初のエジプトやチュニジアの動きは旧来のアメリカやイスラエル寄りの姿勢に対する批判ですよね。売国奴政権に対する批判、独裁政権に対する批判で、平和的に変革を実現したという意味では積極的な動きだったと思います。しかし、途中でアメリカ、イスラエルの巻き返しがあって、リビアに対する介入になりました。オバマ大統領のアメリカが少し慎重だったんですが、むしろ積極的だったのはイギリスとフランスで、これも意図的な軍事介入の口実を作って、欧米諸国がコントロールできない政権を打倒して、事実上の欧米のかいらい政権を打ち立てたのだと思います。

今のシリア情勢も基本的には同じですね。シリア軍やシリア民兵による虐殺だけが喧伝されているのですが、これは事実に基づかないという指摘がイギリスのインデペンデント紙やドイツのベルリン・ターゲスシュピードル紙などで報道されています。日本でも田中宇その他の論者が鋭く指摘している問題で、人道的介入による政権の打倒と新たなかいらい政権の樹立というのは、太平洋戦争以降かなりやられていると思います。そして、メディアが権力の情報操作に加担する状況があって、ほとんどの人が騙されている状況があります。深刻なのはこういった動きに国連が加担し、アムネスティ・インターナショナルなどの著名な人権団体もその先導役として、結果的に加担する役割さえ果たさせられているということです。

また、「新しい戦争」という言い方は、コソヴォ空爆の時にも言われました。21世紀型の新たな戦争、テロの脅威というのは、冷戦収束後の新しい脅威としてはテロくらいしかないので、テロの脅威が言われているにすぎません。「ならず者国家」と当初言われていたものが、9・11後は「テロ支援国家」になって、テロリズムが主要な敵とされ、アルカイダ、ビン・ラディン、9・11の犯人とされている名前とともに一人歩きしているのですが、私は9・11そのものの公式発表がかなり疑わしいものだと思っています。そのことは置いても、テロの定義そのものもアメリカ流の非常に恣意的な定義が世界化しています。何か非合法勢力による無差別な殺戮、ある特定の政治的目的を持った暴力、殺人行為がテロと言われています。しかし、テロの主体を非合法勢力に限定するのはすり替えだと思うのです。テロで最も恐ろしいのは国家テロです。日本軍によるテロもそうでしたし、アメリカによる原爆投下もそうです。国家によるテロは様々な形でやられているので、オバマ米大統領がプラハで「核のない世界」を提唱したということでノーベル平和賞まで取る茶番劇を行ないましたが、国家によるテロは先ほどの無差別爆撃の形を変えた爆撃によって民間人の犠牲は「付随的被害」だと言ってのけるわけです。当然犠牲は出るだろう。しかし、それは最小限で仕方のない犠牲であるという片付け方がされていますし、ピンポイント爆撃ができることによって却って「誤爆」という名の狙い撃ちが行なわれ、メディア機関や国連人道援助NGOまでも狙い撃ちしている事例も実際に起きています。

前田——「新しい戦争」と言う場合に、「テロとの戦争」——非国家間戦争になった側面と、戦争遂行手段やその影響が変化した側面がありますね。

木村——「新しい戦争」の形態でいえば、加藤さんが指摘されたような「戦争の民営化」が非常に広範な形でやられています。民間軍事会社による戦争犯罪が、とりわけアフガニスタン、イラクで行なわれています。アフガニスタン、イラクから米軍を撤退させるというのは、これにはカラクリがありまして、広大な新基地を両国に作っていて、正規軍の一部はもちろん残しますし、正規軍に匹敵するくらいの民間軍事会社3~5万人といわれるくらいの工作員をそのまま置くのですね。そうすると民営化で、ラムズフェルド元国防長官のハリバートン社もそうですけれども、国家の闇の部分を民間会社が全部担うことができるということです。虐殺についてもそうですし、裏金を流して着服することも民間軍事会社に任せられる。また、米軍の犠牲者数のカウントの中には、民間人ということで民間軍事会社の人数は入らないんです。それだけではなく、その日に死んだ人しか数えないというカラクリもあります。実は民間軍事会社の軍事要員というのは、シールズやその他特殊部隊の経験者で、新規の20歳そこらの新兵と比べて20人分くらいの働きをする怖い人たちであって、そういう人たちがアフガニスタンやイラクにおける虐殺の中心的な役割を果たしている実態があります。

新しい戦争のもうひとつの形態は「戦争のゲーム化」です。無人機、あるいはロボットによる戦いが非常に一般化しつつあるということです。これは「米兵の犠牲者」を出さないということであって、「敵の犠牲者」を出さないというものではない。戦争と言いながらロボットによって一方的に虐殺することが増えてくる。加害者の側は侵略戦争であっても何の痛みも呵責も伴わないですむという、恐ろしい非人間的な状況が生まれています。血の臭いというものが全然伝わらないような戦争の現場というのは、「戦争の非人間化」ですけれども、それが進んでいる状況は恐ろしいと思います。日本もアメリカのそういう新しい戦争戦略を取り入れるような状況で、無人機導入その他にも動いているわけです。

加藤——コソボの人道的介入について言えば、遠因、近因ふたつの視点から考える必要があると思います。遠因はヨーロッパに昔からあるユダヤ人差別とホロコースト問題です。人道的介入と呼ぶかどうかは別にして、武力を行使してでも人を助けなければならないとの主張は、19世紀末のロシア、東欧におけるポグロムすなわちユダヤ人に対する集団的迫害行為の頃が最初です。ポグロムが最終的にはナチのホロコーストにつながっていきます。つまりヨーロッパ人にとっての原罪のひとつがホロコーストであり、集団迫害には敏感にならざるを得ません。

近因は、1994年のルワンダの大虐殺を国際社会が見捨てたことへのヨーロッパ人の自責の念です。ひと月で数十万人とも百万ともいわれる数のツチ族と穏健フツ族が過激派フツ族に虐殺されたのです。過激派と言いましたが、大半は普通のフツ族の農民です。彼らが鉈などの農機具で家族、親戚、隣人のツチ族を虐殺したのです。この時駐留していた国連PKOのカナダ人司令官ロメオ・ダレールは、欧米諸国はユーゴスラビアには介入するのに、それ以上の犠牲者を出したルワンダの虐殺が無視されたのは、ルワンダが黒人国家だからだ、と批判しました。

私はルワンダに行って虐殺の地を見てきました。気候も温暖、緑豊か、人々も温和、アフリカの喧騒とは無縁な静かな高原の平和な国でなぜ地獄のような惨劇が起こったのか、全く理解不能でした。私が行った2008年には立派な幹線道路がEUの援助で建設されていました。罪滅ぼしだったのでしょうか。

リビアへの介入も、確かに欧米諸国の国益が背後にあったのは間違いありません。だからと言って、民主化を求める市民が全て欧米諸国の手先でもかいらいでもありません。政権崩壊直前にリビアのベンガジに行きましたが、町中の街頭に「これが自由だ」と書かれた幟がいたる所に吊り下げられていた光景が忘れられません。人々が本当に自由を求めていたことがわかります。また港近くには犠牲者を慰霊するテントがいくつも建てられ、中には写真や遺品が飾られていました。

シリアは反政府勢力も相当ひどいことをしていますが、それ以上に政権側の弾圧もひどい状況です。私の見聞ですが、とにかくあらゆるところに秘密警察の要員がいて、少しでも疑われれば、即座に拷問部屋つきの拘禁施設に連行されます。10畳程度の狭い牢屋に立錐の余地なく容疑者が詰め込まれ、そこから取り調べのために拷問部屋に連れて行かれては拷問を受ける毎日です。反政府勢力側が報復するのは当然のような気がします。

紛争報道は、群盲象を撫でるがごとしで、政府系だから宣伝で、反政府側だから真実を伝えているということはありません。だからこそ、できる限り紛争地に行って、自分の目で確かめる必要があると思います。

Ⅲ　９条を実践するために

前田——前回講演（本書第一部第三章）に引き続いて、ふたつのことだけ紹介させて頂きます。ひとつ目は国連平和への権利宣言づくり、ふたつ目がジュネーヴ州憲法改正の話です。この両者を含めて「ピース・ゾーンの思想」と私が呼んでいることについての簡単な説明です。私の研究テーマでもあれば、運動の課題でもあります。

平和への権利をめぐって

前田——現在、国連人権理事会の諮問委員会で平和への権利宣言づくりが進んでいます。私や、笹本潤（弁護士、元日本国際法律家協会事務局長）などが協力して日本からの情報発信をしながら、宣言づくりに加わってきました。

現在どういう状況になっているかというと、２００８〜12年にかけて毎年、人権理事会で決議が出ました。決議の中身は、「平和への権利が重要なのでそれについてもっと研究しましょう、平和への権利国連宣言をつくるという提案があるので、それについてもきちんと議論しましょう」

というレベルの決議です。人権理事会は47ヶ国で構成されていて、議長国を除くと46ヶ国です。決議案を提案してきたのはキューバ政府です。これは国際政治の中で、アメリカがキューバ叩きをするので、他の国々がキューバを前面に立てて、支持する姿勢を見せる。そういう政治的な理由でキューバが出ているという面もあるのですが、ともあれキューバの提案で決議案が出て、だいたい32~33ヶ国が賛成で、12~13ヶ国が反対です。人権理事会理事国は順次入れ替わるので、単純な比較はできませんが、毎回賛成多数で採択されています。ところが、反対の中にアメリカ、EU、日本、韓国が入っているわけです。キューバやコスタリカが平和への権利宣言をつくろうと先頭に立って頑張る。それに対してアメリカ、EU、日本が反対をするという構図になっています。日本政府は2011年まで、人権理事会で一言も発言せずに、反対投票をしていました。アメリカ政府は発言を何度かやったのですが、反対理由の第一は、平和の問題は安保理事会でやるべきだ、人権理事会で議論する必要はないというものです。第二は、権利というのは個人の権利である。平和への権利は人民の権利という側面を持っていて、それは現在の国家が認める権利とは違う。個人の権利ではないので認められない。そういう言い方でアメリカは反対をしています。2011年まで、EUも全体でまとまって反対でした。イギリス、フランス、スペイン等々が共同で反対をしていました。しかし、賛成多数ですから、諮問委員会で草案をつくってきました。その草案をめぐって議論がだんだんと具体的になります。平和への権利とは何か。人間の安全保障とは何か。軍縮について、大量破壊兵器をいかに廃棄するか。あるいは、環境汚染の問題も出てきますし、兵役拒否に関わる問題なども出てくる。そういう条文草案がだんだん具体的にできてきます。これを担当しているのは、諮問委員会が設置した「平和への権利作業部会」ですが、実際に担当しているのはドイツの学者でウォルフガング・ハインツという人です。ハインツ委員がどんどん条文を作って宣言草案をまとめ、諮問委員会に出して検討してもらい、さらに修正して人権理事会に出しました。そういう中で、２０１１年にスペインが態度を変えました。スペイン議会が「何で政府はこれに反対をしているんだ、賛成するべきだ」という決議をしました。これは大変なロビー活動の結果です。スペイン国際人権法協会のメンバーが総力を挙げて議会工作した結果です。それで、スペイン政府が２０１２年の人権理事会では「賛成」に回りました。そうするとＥＵとして反対できなくなります。スペインは賛成ですからＥＵは反対できなくなる。従って２０１２年３月の諮問委員会作業部会でＥＵは沈黙しました。反対意見も言わない。黙る。そういう状況になりました。

その審議を経て２０１２年5~6月に草案の手直しが行なわれて、現在先週まで開かれていて、２０１２年7月6日に閉会した人権理事会にこれがかかっていました。今回、非公式協議の場で、日本政府は反対意見を述べたそうです。私は今回参加できなかったので、日本政府発言を聞いていませんが、日本政府が初めて反対意見を明言したということだけ聞いています。他方、スペインが賛成になったために、ＥＵは反対意見を述べられなくなりました。これまではＥＵとして反対と言っていたものが、今回スペインが賛成ですから、ＥＵは意見がまとまらないので、発言なしの形になりました。結局、投票では棄権したそうです。一昨日（２０１２年7月5日）、採択が行なわれました。採択にあたっての発言も聞いていません。今日現在、まだ国連のウェブサイトにも出ていません。月曜日には掲載されると思います。投票結果は、賛成が32ヶ国、反対はアメリカ1、残りは棄権に回りました。従来13ヶ国が反対していたのが、スペインの態度変更によってがらりと変わったのです。日本政府は非公式協議で反対意見を述べていたのですが、実は２０１２年は理事国ではありません。というのも、人権理事会では、２期続けて理事国を務めた国は1回お休みしなければならないことになっていまして、日本は２０１２年度はそのお休みの時期でした。日本がいなかったので、反対したのはアメリカだけという状況になりました。これは、私としては予想していなかった面があります。アメリカを孤立させるというのは、ＮＧＯが一所懸命やってきたことです。その通りになった面は当たっているんですけど、これほどドラスティックな変化は予想してませんでした。もうひとつ、私の予想が外れたのは、ロシアと中国です。２０１１年までロシアと中国は賛成でした。ところが、今回は具体的な条文案が出ていて、ここに「大量破壊兵器の廃止」が入っています。それから兵役拒否の権利を認めるというのが入っています。ですから、私はロシアや中国は最後に棄権に回るのではないかと思っていました。ところが、両国とも賛成したということで、32ヶ国が賛成で決議が通っています。まだこれで宣言ができるというわけではなくて、これから3年くらいかけて審議をして、最終的にまとめようということについての賛成です。まだ最終的なものにロシアや中国が賛成したわけではありませんが、ともあれ、ずっと賛成を続けています。

今後どうなるのかというと、今回の決議では「人権理事会で時間をかけてきっちり審議し直しましょう。これについては専門の作業部会を作りましょう。その作業部会の議長はコスタリカ政府が引き受けます」、そういうことまで決まったということです。２０１３年初めころにジュネーヴで作業部会が開かれる見込みです。

今後、具体的にどうなるかはわからない面もありますが、人権理事会という国連の場で平和への権利が本格的に議論されているということをまずご理解ください。日本政府もマスコミも全く伝えようとしませんので、大半の人が知らないのです。

ジュネーヴ州憲法改正作業

前田——もうひとつ、同じジュネーヴの話です。人権理事会諮問委員会はジュネーヴの国連欧州本部で開かれます。同じその町で、ジュネーヴ州憲法改正作業が今動いています。１５０年前の古い憲法なので改正作業が始まったそうです。その中に平和への権利を入れようということで、NGOが動いています。NGOが「憲法改正提案第10／57号」を提案しています。この中の「基本的権利」というところに「すべての人間は平和のうちに生存し、暴力と恐怖から自由である」という言葉があります。これは日本国憲法前文から取ってもらった表現です。日本国憲法9条を入れてもらおうと思っても、それはできません。ジュネーヴ州は軍隊を持っていません。軍隊を持っているのはスイス連邦ですから、ジュネーヴ州はもともと軍隊を持っていません。ですから、ジュネーヴ州憲法に9条を入れられないので、日本国憲法前文の平和的生存権、こちらをなんとか入れてもらおうということです。

ジュネーヴ州議会での議論の仕方は、日本の無防備地域運動と一緒で、スイスでも反対する人は、「平和の問題は外交の問題であって、国家の問題である。従って州の憲法で取り扱う必要はない」。これが真っ先に反論として出てきているそうです。それに対して、推進派のクリストフ・バルビーは世界人権宣言などを紹介しながら反論し、さらに「スイスのカントン州はどこも独自の外交をやっている。国家だけではなくて、カントン外交がある」と言っています。あるカントンはフランス、あるカントンはドイツ、あるカントンはイタリアと国境を接していますので、それぞれ国家の外交権を侵害しない範囲で、地方自治体による平和外交をやってきたと反論をしています。

ふたつのことがジュネーヴで動いています。国連レベルにおける平和への権利、及び州憲法の平和への権利ということが動いているわけです。私の立場から言うと、平和的生存権と憲法9条で議論してきましたが、憲法9条はやはり直接、国家に関わるわけです。ところが平和的生存権は国家のことだけではない。全世界の国民が平和のうちに生存する権利を有するという規定になっていて、一方では「国民の権利」、「人民の権利」という表現があり、他方で「全世界」という非常に大きな話になっていますが、いずれにしても国家の問題ではなくて、権利の問題になっています。平和的生存権という権利を観念するとすれば、権利の主体は誰なのか、そしてその中身は何なのかという話になります。私の発想から行けば、個人、社会、そして国家、さらに国際社会――いろんなレベルで「権利としての平和」、「人権としての平和」の議論を展開できる。そう考えてこの問題に取り組んでいるところです。2008年に「9条を世界に」ということで9条世界会議を開催しましたけど、9条だけではなく、「人権としての平和」、「個人ならびに人民の権利としての平和」を国際社会に提起し、議論を巻き起こして平和運動の発展に繋げたいというのが私の考え方です。従って権利としての平和、人権としての平和と、ピース・ゾーンを前面に押し立てて議論したいのです。もちろん外交と平和がストレートに繋がるのはやはり国家であり、軍隊の問題ですから、そこは最大のテーマで外すことはできませんけれども、そこだけの議論ではない形で、運動の手がかりにしたいと考えています。

誰が権利を守るのか

加藤——前田さんがおっしゃったジュネーヴ州憲法改正提案の「憲法改正提案第10／57」の基本的権利ですが、「全ての人間は平和のうちに生存し、暴力と恐怖から自由であり生存に十分な手段を享受する不可侵の権利を有する」。この表現は元々どこにあった言葉かご存知ですか。こういう言葉がずっと繋がってきている。「人間の安全保障」でも同じです。「恐怖や欠乏からの自由」と言った原点はホッブズです。ホッブズがなぜ戦争状態や自然状態という概念を出してきたか。この人権概念は『リヴァイアサン』の中にも書いてあり、そこに自然権という形で認められているわけです。だから、今我々が直面している問題はホッブズが直面していた問題と同じなんですね。ホッブズはイギリス国内の宗教戦争、あるいは名誉革命や国内の内戦の混乱に直面して、どのように当時のイギリス国民——イギリス臣民と言った方がいいかもしれませんが、イギリス人の基本的人権を守るか、自然権を守るかということがテーマでした。結論を言えば、そのためには国家が必要だと言って、国家を正当化する理論を作ったわけです。基本的人権を守るのは国家だったんです。これが原点です。その問題はこれまで繰り返し議論されてきました。そして、ホッブズが言ったのは、個人的権利としての人権です。これを人民の権利として人権を定めたのはルソーです。「一般意思」という形でこれは全部「人民の権利」だという風に言ったんですね。それ以降、人権には人民の権利としての人権と個人の権利としての人権があるわけです。いずれの場合も、人権を保障するのは誰ですか。問題はそこなんですよ。誰がこの人権を保障するかなんです。結局、要するに国家なんです。例えば、「人間の安全保障」って、本当にもう二言目にはみんな「人間の安全保障」って出てきますが、私いつも聞いているんですよ。誰が人間の安全を保障するんですか、と。それが世界人民であるというなら、それは人間の安全保障になるでしょう。でも、結果的にはみんなやっているのは最終的には国家なんです。もちろん人間の安全保障のもうひとつの担い手はNGOです。しかし、このNGOにしても国家との協力なしでは十分な活動はできません。この国家安全保障と人間の安全保障と、どう違うんですか。微妙な差だとしても、原点に戻ればホッブズが考えた人権の保障と人間の安全保障というのは実はまったく同じです。

ちなみに、ホッブズは『リヴァイアサン』の中でパティキュラ・セキュリティーという言葉で人間の安全保障の源について説明しています。彼の頭の中にはナショナル・セキュリティーはないんです。一人ひとりの安全をどのように守るかということでパティキュラ・セキュリティーという考え方を出しました。ちなみに、ホッブズはもうひとつ重要なことを言っています。こうしてみんなが自分の権利を、ある主権者に譲り渡すことによって国家をつくることになるのですが、この時の契約において、その主権者が力によって個人を守らないという契約は無効である。従って国家が個人を守らない。この力というのを武力と取るか、精神力と読むか、また議論がありますけれども、通常考えれば武力です。武力によって――武力と言っても警察力を含めてですが、力によって守らないという契約は成り立たない。破棄してよろしい。もし、国家が自分たちは武力でもって個人、国民を守らないというのであるならば、そもそもの原点に立ち返って、我々はその国家に対する契約を破棄することができるわけです。そうすると、みんな自然状態に戻ります。社会がない状態に戻ります。その時にもう一度、どのように自分の安全を守るかということは個人に任されます。これこそが本当の意味での「人間の安全保障」です。従って武装する権利も持つということです。ジョン・ロックは政府の暴力に対抗するために国民の武装権を認めました。アメリカでは個人の武装権は放棄されていません。ルソーに至っては国民全員が武装せよと言いました。こうした武装の権利はこれまでずっと連綿として繋がってきています。憲法に本格的に国家の武装権の放棄を書いたのは日本国憲法がおそらく初めてだろうと思います。そういう意味では画期的です。その代わりに、それは国民を国家が守らないという原則ですので、逆に言うと憲法第99条に従って立憲主義の立場に立つと、国民が国家に対して「我々を武力で守ってくれなくてもよい」という宣言です。その意味するところは、自分のことは自分で守るということです。その守り方もいろいろありえます。前田さんは無防備で守れとおっしゃった。非暴力抵抗主義です。私は理念的には自分のことは自分で守る。暴力を使ってでも武力を使ってでも、武装してでも守れという立場を取ります。国家は武装しなくてよい。個人は武装する、と考えるのです。

憲法9条のように非武装で自分のことを守ろうという人たちはこれまでずっと出てきたわけです。非暴力主義というのは、元をたどれば17世紀にオランダでメノウ派というキリスト教徒の一派、プロテスタントですけど、メノー派が良心的兵役拒否を初めて言ったわけです。それがずっと繋がっているわけです。彼らがなぜそれを言ったかというと、「自分たちにとって地上の国は仮の国である。真の国は神の国であり、あの世にある」と言って、要するにふたつの王国論を取ったわけです。だから、現実の問題には関与しないという立場です。それが現在における良心的兵役拒否の基本的な思想的原点です。その流れを汲んだのはアメリカにいるクエーカー教徒です。クエーカー教徒の教えが明治以来、日本にものすごく流れ込んで、今の日本の平和運動をつくり上げてきているわけです。憲法9条の中にも、起草した人の中にクエーカー教徒が入っているわけです。だから無理矢理というか、自分達の理想を入れたんでしょうね。私は別に憲法9条に反対しているわけではないんです。憲法に入れた以上は、それを守ると言う立場に立っているわけです。我々がそれを自分たちの血肉として、自分たちの憲法としたわけですよね。よく考えてみたらクエーカー教徒が考えているような非暴力無抵抗主義が憲法9条に具現化されて、なおかつ我々がそれをありがたくこれまでもずっと尊重してきているのかと考えてみたら、やっぱり憲法9条が日本の文化風土に合ったんだろうと思わざるをえないんです。

ふと考えたら、これは憲法というものではなくて、いわゆる日本で自然法に近いような、つまり「神の法」に近いのではないか。聖徳太子の「17条憲法」のようなもので、これを改定するとか、あるいはこれを守るとかと言ったものとは違う問題だろうと思うようになったんです。従って、改憲論も護憲論も事の本質を見誤っているというのが私の立場です。

前田――ご指摘はもっともですが、権利を守ると言う場合に、私が念頭に置いているのはイェーリングの『権利のための闘争』です。一次的には国内における権利の獲得・実現を主題にしているかもしれませんが、平和への権利と考えれば、その実現は人民の「権利のための闘争」によることになると考えます。それが人権NGOの国境を越えたネットワークであり、国連人権理事会や各種の人権条約委員会などの人権実施措置と連携しています。国家の圧倒的な実力に比較して、まだまだ弱体かもしれませんが、平和への権利を観念すれば、その主体としての個人および人民が、実践する際の拠点として人権NGOの意義が一層高まります。

9条を実践することとは

加藤――私も護憲の精神を実践することが何よりも大切だと思っております。何故かというと、私の信念ですけれども、「実践できる範囲がその人にとっての正義の範囲だ」――よく学生にはこういう言い方をするんです。人殺しが「人殺しはいけない」と言った時に、その「人殺しはいけない」という言葉は間違っているか。考えようによっては、えらく哲学的な問題を含んでいるように思いませんか。間違ってはいないが、なんだかなあ、と思うのは、我々が持っている価値観というのが、だいたい言行一致だからです。言葉に真を置いていないから。でも、言葉の力というものを信じる人にとってみれば、人殺しが言おうが誰が言おうが、言葉は言葉なりの正義を持つわけです。価値観を持つわけですね。それをまた言い出すと話がややこしくなるんですが、私は「私が実行できる範囲が正義の範囲だ」と思っています。それでは、憲法9条を実践するというのはどういうことだろうと、この間ずっと考えてきました。「護憲と言ってやっていることは何なんだ」ということを護憲派の人たちに問いたかったんです。例えば憲法前文を暗唱する。確かにそれは必要なのかもしれません。さらに言うと、憲法9条を読九するとか、憲法9条を写すという写九運動もあります。それから憲法9条凧揚げ大会とか、憲法9条のTシャツをつくって学生たちにいろいろ教えるんだという。9条の歌とか、「交響曲第9条」というのもありますよね。

前田――「第九で9条」は、ベートーベンの交響曲第九の「歓喜の歌」のメロディーに9条の条文をいれ込んで歌います。それとは別に、「交響曲」を作った人がいて、交響曲第9条というのがあるそうですが、私は聴いていません。9条グッズや9条ソングは、ある意味で、内々でお互いに楽しくやっているだけの運動と言われる面がないわけではありません。しかし、護憲運動の資金づくりや広報という面で効果があることも確かです。

加藤——言行不一致は冷戦時代には許されたんですよ。実際に9条の実践ということが本当に試されることはなかったんです。しかし、1991年の湾岸戦争以降、それが試される時代に入ってきたんだろうと思います。9条が好きだと言うのなら、本当に9条の真価が問われる。それは9条を好きだと言うその人の平和思想の質が問われるということです。ある人にその話をしたら、「だから我々は沖縄で闘っているんだ」と言う。まったくそれもそうでしょう。沖縄での米軍の戦いを止めさせることが、アフガニスタンの紛争を止めることに繋がる。確かにそれもそうでしょう。異論はありません。

でも、それなら命をかけてやってくれという話です。現実に命をかけて平和のために闘っている人たちが世界中にいるんです。アフガニスタンでは、各国のNGOがやっています。本当にその中で命を落とす人もいます。日本人で行っている人いますか。いませんよ。ペシャワール会が有名ですが、今アフガニスタンにいるのは中村哲氏（ペシャワール会代表、医師）だけです。

他はみんな、外務省の勧告にしたがってあるいは自発的にアフガニスタンから出たそうです。私は2010年にアフガニスタンに行きましたけど、その時に「日本人はいるのか」と聞いたらある日本の建設会社の方が一人、事務所長として頑張っていましたけれど、あとは元フリーカメラマンで、現地の方と結婚してそのまま日本食レストランを経営してる方がいます。JICAの人たちは、それこそ各国の大使館が集まっているコンパウンドがあるんですけど、頑丈な日本大使館の中で、そのコンパウンドの中で暮らして、必要があったら防弾車に乗っかって市内に出て行くわけです。こんなことをやっていてどうするんだという思いがあります。私が行った時に本当に自爆テロが起こって、自爆テロの犠牲になったのがインドの医者でした。インドはアフガニスタンの人々のためにカブールに病院をつくりました。そのために医師も派遣しました。医師が泊まっているホテルを狙って爆弾テロが起こって、不幸なことに4人が死にました。直ちに専用機でインドに送り返されて、大統領を始め政府要人がその遺体を出迎えるというシーンが、アフガニスタンでも放映されました。果たして日本でそこまでやる人がいるのだろうか。その覚悟を決めてやるべきじゃないかというのが私の意見です。

前田——私はアフガニスタン国際戦犯民衆法廷という運動に取り組んだので、4回、カブール、ジャララバード、マザリシャリフ、クンドゥズ等に行きましたが、当時はペシャワール会のほかに、その影響を受けた在パキスタンの日本人がＳＯＲＡの会と名乗って、カブールで教育活動をしていました。ＪＲ総連の人たちもアフガニスタン支援をしていますので、以前、現地で会いました。

加藤――そういう活動を日本人がもっと積極的にやっていく必要があります。単に困っている人を助けるというだけの話ではなく、９条を持っている日本ならば、９条の実践を本当に引き受けるべきです。そんなことするよりもっと効率的にという話はいくらでもあります。それはそれで全くその通りとしか言いようがありません。でも、命をかけてでも国体としての憲法を守ろうという自衛隊員は海外に行っているんです。今もスーダンにも、ソマリアにも、ゴラン高原にも行っています。自衛隊の派兵に反対するならば、じゃあ我々が代わってスーダンの橋を造る、道路を造るということが、９条擁護の人から何故出てこないんですか。そのための部隊をつくりましょうと言って、憲法９条部隊を２０１０年に朝日新聞で紹介してもらったんですけれども、残念ながら全国からのお便りは10通足らずでした。どうなっているんだろうかと考えざるを得ません。

みなさん一緒にカブールに行きませんか。現地集合、現地解散です。私は行きます。ビザを取る所から始めて下さい。ビザを取る所から始めると、日本とその国との関係がわかります。憲法９条部隊というのはある意味では、日本の平和を守るという日本人の意気込みを世界中に知らせるのに良い実践例になると思っているんです。それこそが日本のソフトパワーになって、それこそ日本を攻めたら、これほど厳しい、命をかけてでも自分たちの平和を守るぞという国民がいるんだという、それを世界に知らせることによって、自分たちの国を無防備で守ることができるのではないだろうか。そういう発想なんです。今まさに我々が直面しているのは自然状態といいますか、秩序がない所にどうやって秩序を培って行くかという話です。

近代ヨーロッパで国家ができたのは何かというと、教会という権威がなくなった時に、神なき地上において秩序をいかに形成するかという問題だったんです。この場合の秩序というのは平和です。神という超越的存在を抜きにして、この世の中で人間だけで秩序が形成できるかという問題をずっと考えていたんです。それが要するに、ホッブズであったり、ルソーであったり、あるいはロックであったり、その流れを汲むカントであったりですね。近代社会思想に還って考えなくてはならない。そういう中で人間中心的な世界がずっと築かれてきた。まさに人間を視点にして、人間同士の関係をどのように秩序立てて行くか、要するに合理性を通じて秩序をいかに形成するか。神というものを置いてしまったら、非合理の中にも秩序が形成できる。神を置かないから、要するに人間が合理的に判断できるということに基づいて、経済合理性が出てくるわけです。アダム・スミスの昔から今に至るまで、おっしゃる通り全く変わりません。経済合理的な秩序の形成の方法とか、それはもう人間中心的な考え方です。それが福島原発事故で明らかに限界が来たのはわかりました。
ところで皆さんにお聞きしたい。では、これから後の世の中は再び何らかの超越的な存在を前提とした世界を望んでいらっしゃるんですか。つまり、自然とか環境とか、人知を超えた世界というものがあるということを前提として、だから我々はこういう世界をつくっていくんだというようにお考えですか。私にはそれがよくわからないんです。

木村——私は基本的に21世紀の世界秩序は、何らかの超越的な存在を前提とした世界というよりも、法の支配と理性・倫理を重視する方向にならなければならないと考えています。また、これからの世界は長期的には国際統合がさらに進展していくということで「ひとつの世界（世界政府や世界国家）」になる可能性が高いと思っています。ただ、ここで大事なのは、その実現・到達すべき世界秩序が本当に民主的で平和的なものであるかどうか、あるいはそこにいたるまでの道筋・過程においていかに平和的かつ民主的な話し合いによる合意形成という手続き・方法が尊重されるかどうかだと思います。

脱原発のために

加藤――この会場をお借りしている「たんぽぽ舎」って、確か20年以上も反原発運動をやっている所ですね。反原発運動のひとつの流れというのは、明らかに、いわゆるニューエイジ思想です。たんぽぽ舎は違うかもしれませんが、超越的存在を前提にしながら原発を批判していくという思想が底流にありました。つまり、我々には神に代わる何か、人間を超える何かがある。それを壊すことは許されないという発想の元に、原発問題がずっと語られてきたのです。一方、原発を推進してきた側は違うんです。人間は自然をコントロールできるという近代的な考え方でずっとやってきて、それが破綻したのです。でも、それに代わって超越的な存在としての、自然や神をもう一度持ち出しますか。その話をお聞きしたいんです。

それからもうひとつ、皆さんに質問があります。皆さんは原発再稼働反対ですよね。お聞きしたいんですけれども、稼働した場合と止めている場合と、原発のリスクというのはどれほど違うんですか。どちらの場合も同様に大変なリスクを抱えているのではありませんか。

さらにお聞きしたいのは、私も実は脱原発派なんです。だけど、今すぐに止めることには反対なんです。何故かというと、原発技術者を維持できないんです。少なくとも40年近く、とにかく技術者を養成して行かないといけないわけです。原発を静かに眠らせるために、技術者が必要です。それには原発を動かしておくという話なのです。動かしていれば、少なくとも技術は継承できるわけです。

前田――例えば、京都大学原子炉研究所の小出裕章（京都大学助教）が言っているのは、廃炉にするためには、原子力工学の技術者、科学者が必要であるということです。それは廃炉、全て拒否するそのために、今は必要だという議論です。加藤さんはそれと同じ趣旨でしょうか。

加藤――同じです。原子力工学の技術者を養成していく具体的な方法として、実際に原子炉を動かしていないと多分だめだろうというのが素人考えですけど私の主張です。原発推進と廃炉の主張がぶつかっていますが、その議論をしているのではありません。現状を前にして、廃炉にするにはどうすればよいかの議論です。人材がいないことは大きな問題です。それは今までの政策の問題ですから、今からでも養成しないといけない。１９８０年代末から原子力工学科に優秀な学生が集まらなくなったんです。それから20年経って、福島第一原発が爆発してしまった。しかし、これから養成すると言っても、自分の人生の全てを廃炉のためだけにかけるという人はまずいないですよね。よほど国家的プロジェクトとして進行させて、何らかのインセンティブがないとそんなこと学びに来ない。人材が集まらない。私は本当にそれを心配しています。だから今すぐに止めることが技術者の養成にとってどういう影響を与えるかということをみなさんにお聞きしたかった。どういうお考えなのかということをお聞きしたかったんです。

廃炉のための費用をどこからひねり出してくるかという問題もあります。それを全て税金でまかなえという話は国民の反発も大きいでしょう。単純な話、保険が掛けられないものはだめなんですね。だけど、私も40年後の脱原発、廃炉に賛成なんです。こんな古い技術を持っていても仕方がないので。

少し話は変わりますけれども、太陽光とか風力などを開発するよりも、一番重要なのは大容量蓄電池ですよ。蓄電池をどうやって作るかという問題で、溜める方法を考えた方がよいのに、みんな金が儲かるからと言って太陽光の方に向かっていく。これも経済合理性です。あんなことやったらまた自然破壊ですよ。どうやってエネルギーを溜めるかという、溜め方を研究していかなければだめだという話です。塩を溶かしてそのエネルギーを使うという方法もあります。それも含めて、現状を変えて行くために、大容量蓄電池の開発は最低限やらなければいけないことです。脱原発の理念はよくわかるし、私も賛成ですが、どのようなプロセスを経て行くのかの行程表が見えないのは困ります。

前田――「直ちに停止」とは言えても、「直ちに廃炉」とは行かない面があります。停止して、冷やして、廃炉にしていく行程表がまさに必要です。

　私は、仲間と協力して「原発を問う民衆法廷」という運動を続けています。２０１１年末に運動を立ち上げて、２０１２年から各地で公判を開催してきました。原告は、福島原発事故のために被害を受けた市民、大飯原発再稼働に反対する市民、各地の原発反対運動を闘ってきた人々などです。原告の主張は、日本政府の原発推進政策への批判であり、福島第一原発事故の刑事責任の追及であり、子どもたちを被曝させないための取り組みであり、原発再稼働の阻止や廃炉に向けた取り組みです。原告の主張を取りまとめるのが代理人（刑事責任追及の場合は検事）です。東京、大阪、その他各地の弁護士が手弁当で協力してくれています。公判は、

原発民衆法廷・東京公判（２０１３年７月）

２０１２年２月に東京で第１回を開催して以後、大阪、郡山、大阪（２回目）、広島、札幌、四日市と続けてきました。熊本、福島を経て、最後に東京で最終公判を開催しました。判事は、鵜飼哲（一橋大学教授）、岡野八代（同志社大学教授）、田中利幸（広島市立大学平和研究所教授）と私が担当しています。各地の脱原発運動の方々に協力していただいて充実した法廷運動を展開することが出来たと思います（『原発民衆法廷』さんいちブックレット・三一書房）。

二重の植民地・沖縄

木村――日本の主権を問うという場合の「主権」の内容に触れておきます。湾岸戦争とイラク戦争の対応の違いがありましたが、日米安保同盟の本質的な特徴は「自発的な従属」――積極的な従属という言い方をされる方もいますけれど、「自発的な従属」という表現がぴったりだと思うのです。「自発的」という言葉と「従属」という言葉が形容矛盾です。でも、そうとしか思えないような形で日米関係が戦後一貫して続いている。日本・アメリカの「属国」関係です。沖縄は日本の国内植民地であると同時に、アメリカの軍事植民地でもある。だから沖縄は、米国と、日本＝ヤマトによる「二重の植民地」にされています。また占領体制の継続、「冷戦なき冷戦」構図の継続というものも、安保問題、沖縄基地問題の本質として指摘しておく必要があると思います。日米安保廃棄の課題を、今では社民党や共産党なども含めて、政治勢力として喫緊の問題としてあまり提起することがなくなって久しい。現実的可能性がないという言葉だけで、この問題を除外してしまうのは、本当に思考停止であると思います。日本人の政治的な強固な意思があれば、形式的には1年前に通告すれば日米安保は廃棄できるわけです。アメリカが居直ることがなければ。なぜキューバのグアンタナモにアメリカ軍基地があるかを考える必要があります。アメリカが居直ってしまったら、排除するには軍事力しかない。戦争しかない。戦争でアメリカに勝てるわけがないので、居直られたらそれ以上、基地の撤去も力では実現することができないという問題がありますが、形式的には可能なのです。日本は一応は独立国家とされているわけです。つい最近まで、GDP世界2位の「大国」です。1972年にようやく沖縄が「返還」されて、もうすでに40年です。にもかかわらず、日本が独立国家でないというのは、信じられないことです。国際社会というか、諸外国から見ても非常に奇妙なことでしょう。本当に日本に独立した外交、貿易の権利というか、とりわけアメリカの利益が関わる問題の拒否権があるのかと言えば、事実上それはないわけです。日米安保の目的と言いますか、在日米軍の駐留目的として、よく言われるのが、日本防衛と「瓶の蓋」論なんです。そして、批判する人から見れば、アメリカの前進基地としての役割、世界侵略のためということです。「瓶の蓋」論というのは、確かにアメリカが日米安保の役割をアジア諸国の人たちに説明する時に、日本軍国主義の復活を防ぐということで出される議論です。そういう可能性が全然ないとは言えないとは思うのですが、その意味合いをもっと考えると、やはり日本の支配、コントロールのために言っているのです。それが一番隠された目的であって、「旧安保」から「新安保」になる時に、日本防衛の義務が消されているのです。実際それは保障されていません。米軍基地が攻撃された時に、反撃するための攻撃はするでしょう。それが結果的に日本防衛にも繋がるというレベルであって、米軍基地と関係ない所で何か日本のどこかがやられたということで米軍がそのために動くというのは、なかなかないと思います。そういうことが現実にはあり得ない。なぜなら、実際にありうるリアリティーのある事態としては、アメリカの先制攻撃によって戦争なり衝突が始まって、その報復として日本がターゲットになる可能性です。冷戦時代のソ連の将軍の表明した所ではと、西田勝（文芸評論家）が書いていましたが、ターゲットは米軍基地、自衛隊基地、原発です。それは当然だと思うんです。米軍基地、自衛隊基地から出撃、攻撃されるわけですから、相手はそこをまず狙う。反撃、報復として狙うのは当然です。原発というのは最後の最後の手段でしょうけれども、ターゲットとしては最大です。日本を滅ぼすには核兵器はいらないんです。通常の爆弾、ミサイルで原発を1基でも破壊すれば日本は破滅だというのが、誰の目にも明らかなわけです。福島第一原発事故であの程度な訳です。というか、もう日本全体がパニックになった。日本の安全保障の根本的な命題を考える時に、冷戦時に核戦争も想定されていながら、新潟とか福井とか日本海側にあれほど原発をつくり続けて平気である感覚がよくわかりません。

また、3・11以後も、原発のテロ対策のことはあまり語られません。警備はある程度なされているけれども、他の諸国のように軍隊で守るという状況ではない。警備は強化して、一応テロのことは言うんですね。ゲリラや特殊部隊によるテロ対策というのは多少は言ってきたわけです。しかし、一方でミサイルの脅威を煽りながら、ミサイル防衛システムの適用として「原発を守れ」という発想がないです。本当に国民の命を守る発想がないことがよくわかります。

軍隊は国民を守らない

木村——国民の安全を守るということと、国家の安全を守るということとは、やはり根本的に違うと思うのです。日本のというよりも、軍隊というものは国民を守るわけではないというのは、沖縄戦と満州の事態が証明しています。軍の目的は敵の排除が最優先ですから、国民の避難、救助を最優先するのは軍隊の仕事ではない。だから、有事法制の中でも、そういう役割は自衛隊に任されるのではなく、自治体に任せるということで国民保護計画が作られている。その際、ある幹線道路の右左、片一方を自治体が人民を逃がすために使う、こちらは自衛隊が使うと言ったら、それは両方とも自衛隊が使うと言うわけです。ではどうしたらよいかといえば、全部計画作り直して、幹線道路以外から逃がすしかなくなります。国民保護計画と言いながら、国民を保護するとか避難させるというよりも、排除することを基本にしている。これは亡くなられた作家の司馬遼太郎も言っていましたが、ある部隊に出動命令があって、○○時に○○地点に集合せよという風になったら、「途中に住民がいてもそれは轢き殺して行け」と命令されたという話があります。それが軍隊の本質的な役割です。

だから、この国の安全保障の根本――何のための軍事力であり、何のための防衛なのかが、原発問題と基地問題というのはいろんな問題で重なると言いますが、そういう意味でも重なるんです。原発問題はエネルギー、資源、環境問題での関わりで語られますが、安全保障、軍事の問題ともそういう形で重なることを知っておく必要があります。もちろん、人権、民主主義の問題でもあるのです。

前田――沖縄における議論も多様かつ活発になってきました。注目すべきは、第一に、日本（人）の植民地主義への厳しい批判です。野村浩也『無意識の植民地主義』（お茶の水書房）、知念ウシ『ウシがゆく――植民地主義を探検し、私をさがす旅』（沖縄タイムス社）、同『シランフーナーの暴力』（未来社）、知念ウシ・與儀秀武・後田多敦・桃原一彦『闘争する境界』（未来社）など、重要な問題提起が相次いでいます。第二に、かつて「居酒屋独立論」とも言われた沖縄独立論が違った形で浮上しています。松島泰勝『沖縄独立への道――植民地主義に抗う琉球ナショナリズム』（法律文化社）は、今後の議論をリードする重要な問題提起でしょう。琉球民族独立総合研究学会の試みもあるそうです。

日本核武装論の登場

木村――原爆、マンハッタン計画から原子力の軍事利用としての核政策によって原子力潜水艦や原子力空母も生まれますけれども、廃棄物利用の一環として原発が出てくるんです。原発と原爆の基本的な技術、原理は同一同根ですので、今言われているのが、原発から原爆がつくられる可能性です。日本に原発が導入される経緯についても、やはり両方の側面があるんです。お金目当てと、軍事目的です。経済と軍事の問題が両方あって、日本側とアメリカ側の思惑が重なる所とずれる所がある。重なる所はお金目当てですよね。軍事の面は違うんです。日本が原発を導入したのは、利権構造をつくって、その後の原子力村に繋がる流れでの導入というのがありました。確かに、それだけじゃなくて敗戦国で資源のない国の復興に、エネルギーとしての原子力に望みを託したとか、近代科学技術への妄信とかいろんな側面がありましたが。もうひとつは、当初から中曽根康弘などには明確だったと思いますけれども、潜在的な核武装能力の獲得、維持、保有の問題が隠された目的としてあった。アメリカはそれを知っていながら、警戒しつつコントロールしながら、日本に原発を導入してきた。非常に大きな利権にももちろんなっていますけれど、むしろそれだけではなくて日本を支配、コントロールする手段としても原発は使えるわけです。原発というのは自国に向けられた核兵器、時限爆弾だという指摘もされている通りです。

3・11以降の事態として非常に危惧するのは、今まで隠れていた核武装派の人々も堂々と核武装を公言するようになったことです。典型的なのは石破茂・自民党政調会長（当時）でしょう。論者によっては、原発は全部廃炉にしてもいいが、高速増殖炉と再処理施設は残して、原爆の保有能力、技術を維持すべきだということも言っています。議員レベルでは地下式原子力発電所政策推進議員連盟に結集したような人々、平沼赳夫が会長であらゆる政党のトップクラスが、例えば安倍晋三、谷垣禎一、亀井静香など、そうそうたるメンバーも参加しているということで、隠していないのです。この人たちは、ある意味では対米自立派ナショナリストですので、「従米」と言われている人とはまた違うのかもしれませんが、結局先ほど言った問題とも重なるのです。今、アメリカが衰退して弱っていて、ある意味で米軍をアメリカ側の事情で撤退させなければいけないという方向になってきていますが、対米自立をした時の選択肢は大きくいえばふたつ、細かくいえば3～4位あると思うのです。

もちろん自立を「非同盟」――軍事同盟をなくすということは自立とセットですし、自衛隊を憲法に合わせて軽武装から非武装へという発想です。しかし、彼らは軽武装、非武装ではなくて重武装を狙っています。しかも核武装を含む重武装へという声が大きくなり始めました。今の政治勢力の力関係から言うと、そういう方向が近いということで、みなさん方の記憶にもあるように、田母神俊雄（元航空幕僚長、軍事評論家）というのは航空自衛隊のトップまで行った人なんです。あの人は「隠れ対米自立派」であって、辞めてからも核武装を含む対米自立を明確に言っていますけれども、日米安保を廃棄するのは得策でもないし現実的でもないと言います。臥薪嘗胆ではないですが、それまでもう少し力を蓄えて、時期を見て、対米自立・核武装へという発想の様です。

前田――日本の核武装はアメリカの黙認と援助なしには不可能だと思いますが。

木村――普通考えたら核武装は、今の非常に不公平、不平等なNPT体制の下でアメリカの容認がなければ不可能であると誰の目にも明らかだと思います。ところが、アメリカの一部と日本の核武装派が手を握りながら、イスラエルの核武装をフランスとアメリカが助けたように、日本が核武装をする可能性はそういう形であればないわけでもないと言うのです。

ブッシュ政権のチェイニー副大統領とか、一部の議員なども「日本核武装容認」発言を繰り返していました。それは対中国カードという意味合いも強かったのですが、本当に日本を核武装させるつもりなのか、核武装させる方向に向かわせて、それを口実に日本を叩く理由にしているのか、そこら辺がよくわからないのです。いろんな思惑があると思います。

日本でもアメリカでも脱原発と原発推進の動きが両方生まれていますが、それぞれふた通りあると思うんですね。原発を推進しようという立場はもちろん利権構造にたっぷり浸かったお金目的の最初のグループがありますけど、もうひとつはもちろん核武装派です。やはり何が何でも核武装への潜在的能力は保有しておくべきだという考え方です。日本はその気になれば、早ければ1ヶ月以内、遅くても2～3ヶ月で核武装できるだけの能力をもっているとも言われます。また、日本は現在原爆数千発分に相当する約30トンのプルトニウムを保有していると言われていますので、そういうことから原発はやはり残さなければいけない、推進しなければいけない、という人々もいるわけです。

逆に脱原発は、国民の生命、財産、生活、安全を最優先する立場から、原発はコントロールできない、人類と核は共存できないという立場から全面的に廃炉を目指す勢力と、やはりアメリカの一部の意向なのか日本の原子力技術、核武装を含む技術を持たせてはならないという警戒、反発からそれに加担するという動きもあると思います。

やはり今、日本は本当にすごい岐路と言いますか、危機でもありチャンスでもある状況に置かれていると思います。オバマ米大統領が「核のない世界」と言う時に、核の中には核兵器だけで、クリーンなエネルギーとしての原発推進をオバマは掲げています。彼はノーベル平和賞を取ったんですが、アフガニスタンとイラクで戦争を続け、そしてパキスタンにまで戦争を拡大していたんです。無人機で多くの犠牲者を出し続けている状況でした。

私たちは核兵器だけじゃなくて原発のない世界を目指すべきだし、そしてやはり戦争のない世界なのです。戦争のない、そして原発を含む核のない世界の実現を、私たちは目指すべきだと考えます。日米安保もやはり即時廃棄が無理ならば、10年なら10年と区切って段階的な解消を目指すべきです。かつて「沖縄アクション15年」というのも、太田昌秀知事の時代につくったのに、店晒しして葬り去られましたけれども、僕は可能だと思いますしまた必要だとも思っています。

加藤――核兵器と言った時には3つの問題が必要です。ひとつは核物質ですね。ふたつ目が核爆発の装置ですね。それから運搬手段ですね。運搬手段がないとどうしようもない。原発と関わりがあるのはこの核物質の部分です。確かに、日本にはプルトニウム型の原発にすると、おっしゃるように何千発分もあります。しかし、これを再処理して純度を90％にまで濃縮しないといけないんです。低濃縮でもできるという議論はありますが、一応、濃縮しないといけないんです。今日本ではやっていませんので、いくら核兵器を持とうという人がいてもそれはなかなかできない。

ＩＡＥＡの厳しい監視下にありますから、もしも濃縮する時になったら経済制裁は覚悟で自分たちでやらないといけないです。たぶん技術的には、核濃縮はできると思います。プルトニウムだけでなくウランの濃縮技術もあります。３つ目の運搬手段です。これはＨ２Ａ型の大型のロケットがありますが、あれは液体燃料を使っているので軍事には向きません。北朝鮮の核兵器がそれほど脅威でないのは、未だに液体燃料を使っているからです。液体燃料は入れるのにものすごく時間がかかるんです。戦争ではそんなことやっていたら、その前に攻撃されます。固体燃料のロケットですが、固体ロケットに関しては、日本は世界でもトップクラスです。「はやぶさ」を打ち上げたのは文部科学省の固体ロケットです。ミューロケットと言います。あれは完全にミサイルになるロケットです。Ｈ２Ａ型の話で言いますと、横についているブースターですね。あれが固体燃料ロケットです。あれを使えばミサイルができるんです。だから核物質と運搬手段は日本にもあります。

問題は二番目の起爆装置なんです。核技術も、だいたい設計図もわかっています。どうすればどうなるというようなことは、ほとんどわかっています。日本で作れる技術も相当の所までわかっています。ただひとつわからないところがあります。これは日本でもただひとり、原爆の核装置に関する技術を持った人から聞いたんですけど、日本人が最後の最後に作れないのは何かというと起爆装置、要するにマッチをするという時の、そのマッチにあたる部分です。それがよくわからないんです。作った事がないのです。起爆装置の開発に非常に問題があることは、技術者の間でわかっています。というわけで1～2ヶ月では無理だと思います。1～2年でもだめでしょう。数年かかると見た方がいいです。よくコンピューターがあるからコンピューターで核実験のシミュレーションができると言いますが、残念ですが、シミュレーションするためのデータがないのでできません。実際に核爆発を起こしてみないと本当に爆発するかわからないというのが、核兵器開発です。逆に言うと日本は潜在的核兵器国と言われているのは、この3つの技術を持っているぞ、あるいは開発できるぞという脅しをかけているだけです。

核軍縮というのはこの3つを段階的に分解して行って、最後に核物質は分離し、起爆装置は壊して、ミサイル本体は破壊するという、そういう形で核兵器を解体して行きます。最後に残る核物質の始末がやはり問題なんです。ロシアの核兵器もずいぶん解体しましたが、最後に核物質の処理がアメリカで今行なわれていると思いますけど、アメリカでも最終処分が決まっていないわけです。

軍事標的としての原発

加藤——でも、私は核兵器は完全に古いと思っています。おっしゃるように原発がもう完全に核兵器に変わったんです。原爆に使われる核兵器のプルトニウムの量はせいぜい7～8kgで、オレンジくらいの大きさです。たった7～8kgですよ。原発のプルトニウムは何10トンですよ。比較的放射線量が低いとはいえ、福島第一原発事故のように、水素爆発して拡散したら、だいたい広島型原爆の何百発分もの放射性物質が拡散します。

先ほど木村さんが指摘したように、原発は自爆するということです。非常に簡単に、です。電源さえ切ればいいんです。最新鋭の原子力発電所では1ヶ月冷やさなくても大丈夫と言いますけれども、1ヶ月後はわからないということです。とにかく冷やし続けなくてはいけない。だから電源さえ切ってしまえば、実は爆発するんです。ということは、何も核武装しなくていいんです。原発がある所には通常兵器でいいんです。通常兵器もいらないくらいです。破壊工作隊が行って、それこそ電線を切るんですよ。それで原発は自爆して核兵器以上の放射性物質をばらまきます。こんな馬鹿げた話はないでしょう。

前田――福島第一原発事故のおかげで、これが世界中にわかったわけです。

加藤――福島の話は、こういうことです。地震という第一波のゲリラ部隊が地上から来て、送電線の鉄塔の電線を切った。その結果、制御棒はうまく降りたけれども、これで安心だと思っていたら、第二派のゲリラ部隊が海上から侵入してジェネレーターを全て破壊した。自然災害というこことになっていますけど、テロ、ゲリラのシナリオにそっくり当てはまります。それは世界中の軍隊がどこの原発に対してもできるから、ミサイルなんか作らなくても原発は攻撃できます。

木村――これまで原発問題は資源・エネルギーや環境との関連で語られることはあっても、軍事・安全保障の問題として論じられることは稀でした。つまり、そのことを真正面から論じることは、ある意味でタブーであったと思います。最近になってようやくテロ、ゲリラ攻撃との関連で原発の安全問題が語られるようになってきましたが、ハイジャックされた飛行機、海・空からの砲撃・爆撃や中・長距離のミサイル攻撃なども含めてもっと根本的に論じる必要があると思います。この問題を本当に真剣に現実に考えれば、日本のような島国で原発を想定できるだけのあらゆる攻撃から絶対安全に守る方法はない、という結論にいたると思います。原発が1基でも完全に破壊されたら日本は破滅することは間違いありません。その意味で自衛隊をいくら増強しても無意味・無力です。あれだけミサイル防衛システムを宣伝しているわりには日本の原発周辺にただの1基も配備していないという事実も、そのことを物語っているのではないでしょうか。これまで原発問題が軍事・安全保障の問題として語られることがなかった本当の理由もそこにあると思います。

第二次安倍政権をどう見るか

前田――２０１２年12月の総選挙で民主党政権が崩壊し、第二次安倍政権が発足しました。民主党政権の功罪も総括しなくてはなりませんが、ここでは安倍政権をどう見るかを少しだけ触れておきましょう。憲法改正については９条改憲への地ならしとしての96条先行改憲論を打ち出したり、侵略や「慰安婦」問題での発言が取りざたされたりしましたが、当初は経済政策に力を入れるということで、アベノミクスに注目が集まりました。

木村――２００９年夏の総選挙は、戦後初めての本格的な政権交代をもたらしたという意味で非常に画期的でした。しかし、対米自立と脱官僚政治を掲げた鳩山民主党政権が普天間基地問題などで「米官業政電のペンタゴン」（植草一秀氏の言葉）で潰されて以降の菅・野田両民主党政権はほとんど米国と官僚の言いなりで完全に死に体であったと思います。

また、その後に登場した第二次安倍政権は、「従米ファシズム（あるいは属国軍国主義）」の路線をまっしぐらというかたちで暴走していますが、東アジアでの孤立（中国・韓国などとの対立）を深めるだけでなく、米国のオバマ政権との距離もますます大きくなっています。一方、経済面では、安倍政権が選挙対策として導入したアベノミクスが大企業・銀行や大株主・富裕層を中心に大きな恩恵をもたらすことで一定の脱デフレ現象が生まれましたが、２０１４年春に実施される消費税８％引き上げやＴＰＰへの本格的導入で景気が急速に悪化し、いまでこそ大きな貧富の格差がさらに拡大して自殺者が激増する懸念さえあります。

そして安倍政権は、２度の衆参選挙での公約や年頭の所信表明などでもひたすら隠し続けていた秘密保全法（特定秘密保護法）案を突如国会に上程し、前代未聞の異常な国会運営を行なって最後には強行採決（数の暴力）で成立させるにいたりました。この秘密保全法制は、外交・防衛などの国家機密の遺漏防止が目的というよりも、個人情報の一元化による国民の監視強化と言論統制・思想弾圧が最大の狙いであり、まさに「現代版治安維持法（あるいは日本版愛国者法）」ともいうべき恐るべき違憲立法です。

今年は共謀罪法案・会話傍受法案の制定や集団的自衛権行使の解釈改憲などが予定されており、この安倍政権の「戦後レジームからの脱却」路線の行きつく先は、戦争国家・警察国家、すなわち戦争とファシズムへの道であることは明らかだと思います。さらに、大多数の国民の声・意志を無視して原発の再稼働・輸出に着手しようとする安倍政権のあり方は、まさに（議会制）民主主義を否定するもので、国家崩壊・主権放棄の選択であると言わざるを得ません。

加藤――安倍政権の誕生は世界史的なマクロの視点で見れば、冷戦後に現れた承認政治すなわちアイデンティティ政治の一環です。冷戦時代には生存こそが国家にとっても個人にとっても最優先の課題でした。しかし、米ソ全面核戦争の危険性がほぼゼロとなり、とりあえず人類滅亡の脅威が去ると(もっとも代わって温暖化や原発事故が人類の脅威とみなされるようになりましたが)国家も個人も自らのアイデンティティを求めるようになりました。イスラム圏ではたとえばアラブ・ナショナリズムではなくイスラム・ナショナリズムを求めてイスラム原理主義の運動が活発になりました。同じことが日中韓の三ヶ国で起きています。中国は西洋列強や日本に侵略された過去を中華ナショナリズムで払拭しようとしています。韓国もまた、まるで明治政府が日本建国神話の歴史を作りナショナリズムを鼓舞したように「正しい歴史認識」の下韓国の歴史を作ってナショナリズムを扇動しています。

両国のナショナリズムに共通するのは、反日ナショナリズムだということです。ちょうどイスラム・ナショナリズムが反米ナショナリズムであるように、具体的な「敵」を想定したナショナリズムです。この反日ナショナリズムに対抗して登場したのが「戦後レジームからの脱却」という新たなナショナリズムを掲げた安倍政権です。

我々が今問われているのは、アベノミクス、靖国参拝、集団的自衛権等の個別の問題ではなく、安倍政権の本質である脱戦後体制ナショナリズムをどのようにとらえ、対応するかです。中韓が反日ナショナリズムを強めれば強めるほど、反作用として脱戦後体制ナショナリズムもまた強化され、三ヶ国は衝突の螺旋階段を下りています。また脱戦後体制ナショナリズムは反米ナショナリズムでもあるだけに、靖国問題に見られたように、今後はアメリカとの摩擦も引き起こすのではないかと思います。とはいえ中東政策を見る限りオバマ政権には東アジアの地域情勢をコントロールする意図も能力もありません。私は東アジアの中東化を恐れています。

日本国家の行方

前田――最後、締めの言葉を一言ずつお願いします。木村さんの話で出ていたのは国家の安全と国民の安全のことです。加藤さんの話では、個人の人権を誰が守るのかという話が出ていまして、繋がっていると思うので、その辺りを最後に一言お願いします。

私の観点で言うと、木村さんは「国家(特に軍隊)は国民を守らない」と言いましたけど、私は「国家は国民を殺す」と言っていまして、過激だと言われるんですけど、全然過激ではありません。近代国家というのは国民を殺すんです。国民を殺すことによって国家は成立します。基本的に近代国家は国民を殺す。でき上がった国家も、いざ国家の存立に必要であれば国民を殺します。もちろん独裁政権が反対勢力を殺すというのが一方にありますけれども、むしろそうではなくて、民主主義国家であっても、国家の存立、維持のためにはやはり殺します。いろんなレベルで起きることです。軍事的に殺すこともあれば、警察力によって殺すこともあれば、突然失踪すること もあれば、人々が生きて行けないような状況をつくり出して死なせることもあります。あるいは 日本やアメリカのように一定の理由がある時に合法的に死刑という手段で殺すこともあります。 国家は国民を守らないという議論はもちろん支持しますけど、それを前面に出す議論よりも、私 はあえて「国家は国民を殺す」と言っています。だから国家なんて止めてしまえという、いきな りそういう議論にはなりませんけれども、そういう認識の上で国家をいかに民主化できるのか。 民主国家であっても殺すことはあるので全部なくすことはできませんが、議論を「個人の権利と しての平和」――そこからやり直す議論が必要なんだろうとこの間考えています。ただ、まだそ れを理論的に整理した話になっていないので、先ほど申し上げた「人権としての平和」をもう1 回、国家の概念を問い直す議論につなげる作業をしています（前田朗『国民を殺す国家』耕文社）。

加藤――国家は国民を守らない。その通りです。軍隊は国民を守らない。軍隊が守るのは憲法で す。英語で言うところの「Constitution」です。それを守ります。だから一人ひとりの個的存在 としての国民を守ることは始めから想定されていません。軍隊が守るのは憲法であり、ルソーが 言うところの「一般意思」です。これを守ります。だから、軍隊は国民を守らないじゃないかと いうのは、そもそも国家の本質は何かというところの誤解から生じる問題だろうと思っています。

従って、こういうことを踏まえた上で、軍隊というもののあり方、国民のあり方、軍隊のあり方をこれまで考えてきて、それをなんとかコントロールする方法を考えてきたわけです。基本的に軍隊が守るのは、今お話ししたように憲法であり、一般意思であるという事です。

さて、そこで日本の場合、非常にやっかいなことがあります。この前、若い自衛官の人に、「君たち何のために自衛隊に入っているんだ」と言ったら、いの一番に憲法を守るためですと言ったので、ちょっと驚きました。「憲法は君らを否定しているぞ。その憲法を守るのか」と言ったんです。これはもう私が自衛隊にいた時からずっと繰り返されてきた話です。「だから我々は憲法外の存在だからクーデターやったところで別に違法にはならない。憲法の埒外ですから」と、そんな議論があるんです。そこまで過激な話はしませんけれども。アメリカの兵隊はもちろん、何を守ると言ったら「Constitution」とすぐ言います。そもそも国民を守るとか、守らないということがおそらく問題ではないと思います。そうすると、ホッブズの元の問題に戻って、個人の安全、生存は果たして誰が守るのかということが、我々に突きつけられた問題なんです。近代国家というシステムが問題なのであって、国家とは異なる政治共同体、主権主体と言ったものを実は考えて行かなければいけないというのが私の問題意識です。でも、それはどういうものだというと、残念ながらまだ答えはないとしか言いようがないんです。

ところで、愛敬浩二（名古屋大学教授）『改憲問題』（ちくま新書）という本を読むと、彼もいろんな議論をされていて、護憲の問題を書いていらっしゃるんですが、これはもっともだと思うのは、護憲派とはいったい何なのかというと現実を憲法に近づける立場だと言うことで、全くその通りだと思います。現実を憲法に近づけるのであって、憲法を現実に近づけるのではない。この思想から言うと、憲法を守れるかどうかというのは護憲派の不断の活動しか方法はないということです。それが具体的にどういうことなのかは、一人ひとりが考えることですけれども、私はこれまでの護憲運動については大変な不満があるということで、憲法９条部隊を考えて、実践していきたいと考えているのです。

木村――最初に「日本は独立国家でも民主主義国家でもない」と言いましたが、民主主義国家でもないという意味合いは、最高法規である憲法ができてすぐに警察予備隊、保安隊、自衛隊という形で、明確なる軍事的武装組織を持つに至ったことと、独立と引き換えに世界最強の軍隊を持っているアメリカと従属的な同盟を結んでいることです。その時点でもう、憲法は破壊されている。守られていないと言える。もうひとつは、やはり日本は本当の意味での民主主義国家ではないということです。明治以来、基本的に官僚独裁国家だと思います。それは小沢一郎なども言っていますが、それを初めて打ち破るような可能性が２００９年の政権交代であった。ただそれも今は風前の灯火となっている。とりわけ、検察が暴走し、メディアが加担して行なわれている様々な冤罪と報道被害の問題——小沢問題もその典型だと思いますが、この問題が今の民主主義としては一番重要な問題ではないかと思います。今日の問題に引きつけて言うのならば、やはり「戦争廃絶法案」というのも一時期紹介されていましたが、死刑廃止と戦争廃絶はセットにする必要があると思います。現在の状況が1930年代との類似で語られるには、それなりの理由があると思います。根本はやはり経済の問題があります。軍産複合体の縮小解体と、国際金融資本の全面的な規制をやっていくのが、脱出の近道だということと、やはり情報操作に対抗するメディア・リテラシーを市民の側が身につけ、また市民による独立化やメディアのネットワークを作り出して行く必要があります。その先にひとつの展望が見えるのではないかと思います。

今、日本は本当に戦争とファシズムの時代の再現ではないですが、その足音が聞こえている。秘密保護法案、サイバー法案、共通背番号制、人権擁護法案、ダウンロード禁止法案とか、全て繋がっていると思います。原子力規制法もそうです。国の安全保障に資するということで、核武装への道を開くという所もありますが、原発に関わる情報を、被爆情報とか事故原因に関わる情報とかを市民がアクセスすることを不可能にする言論統制を正当化するような動きが出てきています。そういった動きを許さないことが平和への近道であると思います。

前田——どうもありがとうございました。

あとがき

暗転する時代状況の中で

木村　朗

いまの日本は、まさに戦争ファシズムの時代状況の真っただ中にあると思います。昨年末の12月6日に、国家安全保障会議（日本版ＮＳＣ）の設置に続いて、現代版治安維持法あるいは日本版愛国者法ともいわれる秘密保護法が異常な国会運営と法案反対の世論が急速に高まる中での強行採決というかたちで成立することになりました。そればかりでなく、さらに今年は、集団的自衛権の解釈改憲を可能とする国家安全保障基本法案、武器輸出三原則の見直しだけでなく、共謀罪法案（組織犯罪対策法改正案）と会話傍受法案などが予定されています。

また、安倍晋三首相をはじめとする現職閣僚や国会議員の靖国神社公式参拝も昨年末から今年初めにかけて相次いでいます。このような日本の動きに対しては、中国や韓国・北朝鮮（朝鮮民主主義共和国）だけでなく、アメリカやヨーロッパからも、「排外主義的ナショナリズムの高まり」「戦前の軍国主義日本の復活」などいつになく強い非難の声が上がっています。

まさに、いまの日本は戦前と同じように、次第に国際的孤立を深める中で戦争国家・警察国家への道をまっしぐらという歴史に逆行する流れが全面的に出てきていると言わねばなりません。

このような暗転する時代状況のなかで、基本的な問題意識や危機感を共有できるお二人と一緒に、本書『闘う平和学』を出版できることを嬉しく思っています。

前田朗先生とは、私が共同代表を務める日本平和学会の平和運動分科会に報告者として出ていただいたことがあるだけでなく、逆に「非国民入門セミナー」に誘っていただき、前田朗編著『平和力養成講座』に拙稿を掲載してもらうなど、以前からのご縁がありました。前田先生は日本国内ばかりでなく、ジュネーブの国連人権理事会など国際的舞台でも精力的に活動しておられますが、ここであらためて「行動する平和学者」として、深い敬意を表させていただきたいと思います。

また、加藤朗先生は、これまで直接お会いする機会はなかったのですが、私が旧ユーゴスラヴィア紛争を主な研究テーマにしていたこともあって、以前から注目させていただいていた紛争解決の専門家のお一人でした。今回の企画で初めてお会いしたわけですが、深い国際体験に裏付けられたリアリズム平和学の立場からの発信・提言に大きな刺激をいただいたことに感謝いたします。

最後に、最近の厳しい出版事情の中で、このような硬派のテーマの本を辛抱強く丁寧な編集作業を引き受けて出版にまでこぎつけていただいた三一書房編集部に熱くお礼を申し上げます。

いかにして「平和力」を身につけるのか

加藤　朗

前田朗さんから「平和力養成講座」へのお誘いをいただき、まことに感謝しております。防衛庁防衛研究所に就職し日本平和学会から追放されて以来、前田さんはもちろん木村朗さんや「平和力養成講座」に参集された平和運動コミュニティの人々と交わる機会はほとんどありませんでした。安全保障コミュニティに属する私に発言の機会を与えていただいたことに改めて感謝したいと思います。また前田さんのご尽力でこうして『闘う平和学』として講座の成果を世に問うことができ、望外の喜びです。

私が平和運動コミュニティに招かれるようになったのも、冷戦終焉以来時代が大きく変化したことに原因があるのでしょう。共産主義、自由主義の硬直したイデオロギー対立は終わり、今や平和への実践が求められる時代になりました。反米、反基地闘争や人権闘争のようなガラパゴス化した日本国内での平和運動が世界の平和に貢献するという図式は今や過去のものとなりつつあります。他方、集団的自衛権の容認や憲法改定などにより世界標準を目指す自衛隊の国際平和維持活動は、戦後培ってきた平和国家日本というソフトパワーを台無しにする恐れがあります。では具体的にどのような平和実践運動があるのでしょうか。いかに私たちは平和力を身につけることができるのでしょうか。冷戦終焉以来、私が抱き続けた問題意識がこれです。

回答の出ないまま、前田さんの『軍隊のない国家』に触発され、とりあえず紛争地とはどのようなものか、２００７年以来、自分の目で確かめる旅に出ました。アフガニスタン、シリア、パレスチナをはじめ十数ヶ国の元あるいは現紛争地を訪れました。旅を通じて感じたことはふたつあります。日本が戦争をしない平和国家だということが予想外に知られていること、その一方で日本の平和活動の影が薄いことです。たとえばアフガニスタンでは、日本が平和国家であることはよく知られています。しかし多額の支援を行なっているにも関わらず、現地で復興支援にあたる日本人の姿はほとんど見かけません。ほかの紛争地でもアフガニスタンと似たり寄ったりです。

この現状を打破するために今、私たちに求められているのは、憲法９条の実践です。写九をしたり読九をしたり、９条ダンスを踊ったり窮状（９条）の歌を歌ったりすることではありません。紛争地に赴き、現地で憲法前文や９条に盛られた平和の精神を実践することです。その具体的な方策として、私は20年以上も前から非武装の民間ＰＫＯ部隊を提唱しています。残念ながら賛同者はほぼ皆無です。私の考えは決して突飛な思い付きではありません。アメリカをはじめ諸外国では類似の組織がすでにあり、現地で紛争調停や平和維持、復興支援などに携わっています。憲法９条をもつ日本こそ民間ＰＫＯ部隊を持つべきではないのでしょうか。

本書が、「憲法９条部隊」の賛同者が増える一助になればと心から願っています。

3人の朗の講座を終えて

前田　朗

加藤朗さんとは一面識もなかったにもかかわらず、突然、平和力フォーラムの「平和力養成講座」へのご登壇をお願いするお手紙を差し上げたところ、快諾のお返事をいただきました。

かねてから『現代戦争論』や『テロ——現代暴力論』を通じて加藤さんの戦争論、テロ論を拝読していましたが、『入門・リアリズム平和学』において加藤平和学が積極的に打ち出されたので、そのエッセンスをお聞きしたいと考えました。加藤さんの9条部隊の提案も何かで読んでいたので、講座では9条部隊を中心に、加藤平和学への導入をしていただきました。単に平和学という枠組みだけではなく、大きな時代の転換点にあって、私たちはどのような世界に生きたいのか、世界をどのように認識するのかという根本問題を突き付けられて、私の問題意識もクリアーになったと思います。

木村朗さんには、以前、平和力フォーラム主催の「非国民入門セミナー」にご登壇いただいて、インタヴュー記録を『平和力養成講座』に収録させていただきました。一方、鹿児島大学での木村ゼミ（平和問題ゼミナール）にお招きいただいて講演をさせていただき、日本平和学会（恵泉女学園大学）において木村さんが担当された分科会に参加させていただきました。

平和学のみならず、冤罪問題を通じて刑事司法論やメディア論にも刺激的な発言を続けてこられた木村さんに、今回は原発と原爆をつなぐ問題圏に光を当て直していただきました。講座の後に、木村さんが編集された『九州原発ゼロへ、48の視点』の執筆者に加えていただき、「原発民衆法廷」の紹介もさせていただきました。

「平和力養成講座」に3人の朗が揃ったのは偶然ではありません、ある平和運動の現場で、平和学や戦争論について発言している「朗」が何人もいる、といった話題が出たことがあり、「いつか揃い踏みの講演会をやってみよう」と考えていました。ですから、当初から「3人の朗の講座」と呼んでいました。

名前が同じというだけで、人生のキャリアも学問的背景も異なる3人ですから、平和を論じる姿勢にも隔たりがあります。その隔たりを言葉に明確に刻んで対話することで私自身の平和学の検証ができ、次のステップが可能となりました。加藤さんと木村さんに厚くお礼申し上げます。

また記録のテープ起こしをしてくれた麻植久視子さん（東京造形大学メディア・デザイン専攻学生）に感謝します。最後に、講座の記録を編集し直して公刊する企画を引き受けていただいた三一書房編集部に感謝いたします。

◎ 加藤　朗（かとう・あきら）
　桜美林大学教授（国際政治学）。著書に『現代戦争論』、『テロ』（以上中公新書）、『入門・リアリズム平和学』（勁草書房）など。

◎ 木村　朗（きむら・あきら）
　鹿児島大学教員、（平和学）。現在日本平和学会理事。インターネット新聞 NPJ に論評「時代の奔流を見据えて」を連載中。単著『危機の時代の平和学』、共著『広島・長崎への原爆投下再考』、共編著『終わらない占領』（以上法律文化社）、『２０人の識者が見た " 小沢事件 " の真実』（日本文芸社）など。

◎ 前田　朗（まえだ・あきら）
　東京造形大学教授（戦争犯罪論）。著書に『軍隊のない国家』（日本評論社）、『増補新版ヘイト・クライム』（三一書房）、『なぜ、いまヘイト・スピーチなのか』（共著、三一書房）など。

闘う平和学
平和づくりの理論と実践

2014 年 3 月 28 日　　第 1 版 第 1 刷発行

著　者── 加藤　朗・木村　朗・前田　朗

発行者── 小番　伊佐夫
装　丁── 野本　卓司
印刷製本─ シナノ印刷株式会社
発行所── 株式会社 三一書房
〒 101-0051
東京都千代田区神田神保町３－１－６
☎ 03-6268-9714
振替 00190-3-708251
Mail: info@31shobo.com
URL: http://31shobo.com/

ISBN978-4-380-14000-6　C0036　　Printed in Japan